漢検

10級

いちまるとはじめよう！ わくわく漢検

改訂版

漢検 公益財団法人 日本漢字能力検定協会

もくじ

ふろくのシールとポスター※もあるまる!

※漢検ホームページからダウンロードできます。

この本のつかいかた

日本漢字能力検定10級は、小学校1年生で学ぶ漢字80字を中心に、それまでに学ぶ漢字をふくめた読み、書き、つかいかたなどが出題されます。本書はその80字を1日10分で1か月間、楽しみながら学ぶことができます。

漢字であそぼう！ わくわくひろば

これから 習う 漢字を つかって、クイズや めいろで あそびましょう。

おわったら シールを はりましょう。

漢字表・れんしゅうもんだい

漢字は、意味や つかう 場面などの テーマごとに わかれて います。

1週目から 5週目まで、わかれて います。

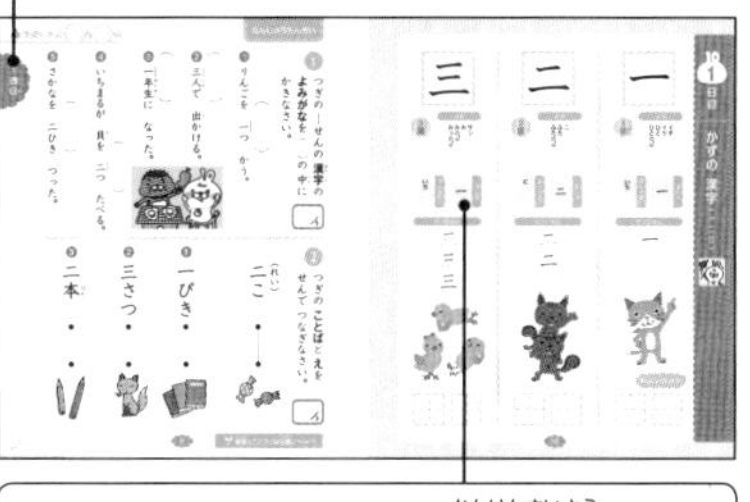

「漢字表」の 「よみ」は、音よみを カタカナで、訓よみを ひらがなで 示して います。㊥は 中学校で 習う よみで 4級以上で 出題対象に、㊫は 高校で 習う よみで 準2級以上で 出題対象に なります。

「ぶしゅ・ぶしゅめい」は、漢検採用の ものです。

ふくしゅうもんだい

5日分の 「漢字表」と「れんしゅうもんだい」が おわったら、「ふくしゅうもんだい」を といて みましょう。

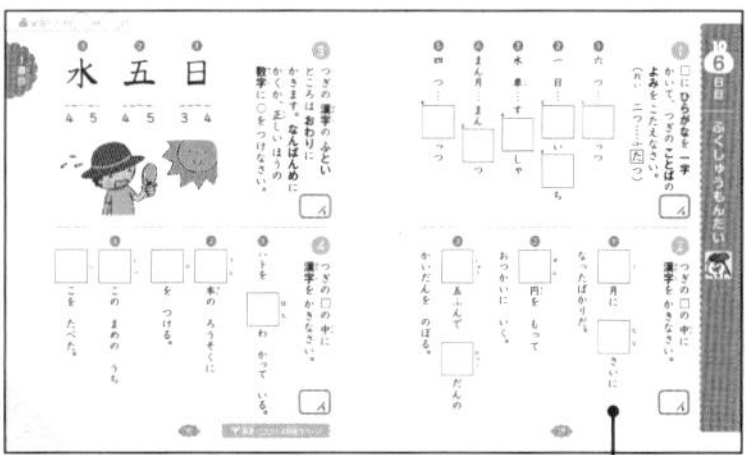

まちがえた もんだいは、「漢字表」を 見て、もう一度 れんしゅうして みましょう。

テストにチャレンジ！

30日分の 学習が おわったら、力だめしを して みましょう。

いちまるの家族

うちゅうの かなたから、漢字を 学ぶ ために やってきた なかよし家族

いちまる

ぷちまる

ちちまる

ははまる

おじじまる

おばばまる

いちまるの ともだち

ぎざるぼん

漢検ホームページ（https://www.kanken.or.jp/kanken/dl10/）から、漢字表のポスターを ダウンロードできます。くわしくは、この本のカバーの折り返し部分をごらんください。

おうちのかたへ
個人受検を申し込まれる皆さまへ

協会ホームページのご案内

検定に関する最新の情報（申込方法やお支払い方法など）は、公益財団法人　日本漢字能力検定協会ホームページ https://www.kanken.or.jp/ をご確認ください。

なお、下記の二次元コードから、ホームページへ簡単にアクセスできます。

受検規約について

受検を申し込まれる皆さまは、「日本漢字能力検定受検規約（漢検ＰＢＴ）」の適用があることを同意のうえ、検定の申し込みをしてください。受検規約は協会のホームページでご確認いただけます。

1 受検級を決める

受検資格　制限はありません

実 施 級　1、準1、2、準2、3、4、5、6、7、8、9、10級

検定会場　全国主要都市
約170か所に設置
（実施地区は検定の回ごとに決定）

検定時間　ホームページにてご確認ください。

2 検定に申し込む

インターネットにてお申し込みください。

団体受検について

自分の学校や企業などの団体で志願者が一定以上集まると、団体単位で受検の申し込みができる「団体受検」という制度もあります。団体受検申込を扱っているかどうかは、先生や人事関係の担当者にご確認ください。

3 受検票が届く

受検票は検定日の約1週間前から順次お届けします。

4 検定日当日

持ち物　受検票、鉛筆（HB、B、2Bの鉛筆またはシャープペンシル）、消しゴム
※ボールペン、万年筆などの使用は認められません。ルーペ持ち込み可。

5 合否の通知

検定日の約40日後に、受検者全員に「検定結果通知」を郵送します。合格者には「合格証書」・「合格証明書」を同封します。欠席者には検定問題と標準解答をお送りします。受検票は検定結果が届くまで大切に保管してください。

家族受検表彰制度について

家族で受検し合格された場合、個別の「合格証書」に加えて「家族合格表彰状」を贈呈する制度があります。申請方法や、その他注意事項は漢検ホームページにてご確認ください。

お問い合わせ窓口

電話番号　0120-509-315（無料）
（海外からはご利用いただけません。ホームページよりメールでお問い合わせください。）

お問い合わせ時間　月～金　9時00分～17時00分
（祝日・お盆・年末年始を除く）
※公開会場検定日とその前日の土曜は開設
※検定日は9時00分～18時00分

メールフォーム　https://www.kanken.or.jp/kanken/contact/

「漢検」級別 主な出題内容

10級 …対象漢字数 80字
漢字の読み／漢字の書取／筆順・画数

9級 …対象漢字数 240字
漢字の読み／漢字の書取／筆順・画数

8級 …対象漢字数 440字
漢字の読み／漢字の書取／部首・部首名／筆順・画数／送り仮名／対義語／同じ漢字の読み

7級 …対象漢字数 642字
漢字の読み／漢字の書取／部首・部首名／筆順・画数／送り仮名／対義語／同音異字／三字熟語

6級 …対象漢字数 835字
漢字の読み／漢字の書取／部首・部首名／筆順・画数／送り仮名／対義語・類義語／同音・同訓異字／三字熟語／熟語の構成

5級 …対象漢字数 1026字
漢字の読み／漢字の書取／部首・部首名／筆順・画数／送り仮名／対義語・類義語／同音・同訓異字／誤字訂正／四字熟語／熟語の構成

4級 …対象漢字数 1339字
漢字の読み／漢字の書取／部首・部首名／送り仮名／対義語・類義語／同音・同訓異字／誤字訂正／四字熟語／熟語の構成

3級 …対象漢字数 1623字
漢字の読み／漢字の書取／部首・部首名／送り仮名／対義語・類義語／同音・同訓異字／誤字訂正／四字熟語／熟語の構成

準2級 …対象漢字数 1951字
漢字の読み／漢字の書取／部首・部首名／送り仮名／対義語・類義語／同音・同訓異字／誤字訂正／四字熟語／熟語の構成

2級 …対象漢字数 2136字
漢字の読み／漢字の書取／部首・部首名／送り仮名／対義語・類義語／同音・同訓異字／誤字訂正／四字熟語／熟語の構成

準1級 …対象漢字数 約3000字
漢字の読み／漢字の書取／故事・諺／対義語・類義語／同音・同訓異字／誤字訂正／四字熟語

1級 …対象漢字数 約6000字
漢字の読み／漢字の書取／故事・諺／対義語・類義語／同音・同訓異字／誤字訂正／四字熟語

※ここに示したのは出題分野の一例です。毎回すべての分野から出題されるとは限りません。また、このほかの分野から出題されることもあります。

日本漢字能力検定採点基準 最終改定：平成25年4月1日

1 採点の対象
筆画を正しく、明確に書かれた字を採点の対象とし、くずした字や、乱雑に書かれた字は採点の対象外とする。

2 字種・字体
①2〜10級の解答は、内閣告示「常用漢字表」（平成二十二年）による。ただし、旧字体での解答は正答とは認めない。
②1級および準1級の解答は、『漢検要覧 1／準1級対応』（公益財団法人日本漢字能力検定協会発行）に示す「標準字体」「許容字体」「旧字体一覧表」による。

3 読み
①2〜10級の解答は、内閣告示「常用漢字表」（平成二十二年）による。
②1級および準1級の解答には、①の規定は適用しない。

4 仮名遣い
仮名遣いは、内閣告示「現代仮名遣い」による。

5 送り仮名
送り仮名は、内閣告示「送り仮名の付け方」による。

6 部首
部首は、『漢検要覧 2〜10級対応』（公益財団法人日本漢字能力検定協会発行）収録の「部首一覧表と部首別の常用漢字」による。

7 筆順
筆順の原則は、文部省編『筆順指導の手びき』（昭和三十三年）による。常用漢字一字一字の筆順は、『漢検要覧 2〜10級対応』収録の「常用漢字の筆順一覧」による。

8 合格基準

級	満点	合格
1級／準1級／2級	二〇〇点	八〇％程度
準2級／3級／4級／5級／6級／7級	二〇〇点	七〇％程度
8級／9級／10級	一五〇点	八〇％程度

※部首、筆順は『漢検 漢字学習ステップ』など公益財団法人日本漢字能力検定協会発行図書でも参照できます。

日本漢字能力検定審査基準

10級

程度　小学校第1学年の学習漢字を理解し、文や文章の中で使える。

領域・内容
《読むことと書くこと》　小学校学年別漢字配当表の第1学年の学習漢字を読み、書くことができる。
《筆順》　点画の長短、接し方や交わり方、筆順および総画数を理解している。

9級

程度　小学校第2学年までの学習漢字を理解し、文や文章の中で使える。

領域・内容
《読むことと書くこと》　小学校学年別漢字配当表の第2学年までの学習漢字を読み、書くことができる。
《筆順》　点画の長短、接し方や交わり方、筆順および総画数を理解している。

8級

程度　小学校第3学年までの学習漢字を理解し、文や文章の中で使える。

領域・内容
《読むことと書くこと》　小学校学年別漢字配当表の第3学年までの学習漢字を読み、書くことができる。
◉音読みと訓読みとを理解していること
◉送り仮名に注意して正しく書けること（食べる、楽しい、後ろ　など）
◉対義語の大体を理解していること（勝つ―負ける、重い―軽い　など）
◉同音異字を理解していること（反対、体育、期待、太陽　など）
《筆順》　筆順、総画数を正しく理解している。
《部首》　主な部首を理解している。

7級

程度　小学校第4学年までの学習漢字を理解し、文章の中で正しく使える。

領域・内容
《読むことと書くこと》　小学校学年別漢字配当表の第4学年までの学習漢字を読み、書くことができる。
◉音読みと訓読みとを正しく理解していること
◉送り仮名に注意して正しく書けること（等しい、短い、流れる　など）
◉熟語の構成を知っていること
◉対義語の大体を理解していること（入学―卒業、成功―失敗　など）
◉同音異字を理解していること（健康、高校、公共、外交　など）
《筆順》　筆順、総画数を正しく理解している。
《部首》　部首を理解している。

6級

程度　小学校第5学年までの学習漢字を理解し、文章の中で漢字が果たしている役割を知り、正しく使える。

領域・内容
《読むことと書くこと》　小学校学年別漢字配当表の第5学年までの学習漢字を読み、書くことができる。
◉音読みと訓読みとを正しく理解していること
◉送り仮名や仮名遣いに注意して正しく書けること（求める、失う　など）
◉熟語の構成を知っていること（上下、絵画、大木、読書、不明　など）
◉対義語、類義語の大体を理解していること（禁止―許可、平等―均等　など）
◉同音・同訓異字を正しく理解していること
《筆順》　筆順、総画数を正しく理解している。
《部首》　部首を理解している。

5級

程度　小学校第6学年までの学習漢字を理解し、文章の中で漢字が果たしている役割に対する知識を身に付け、漢字を文章の中で適切に使える。

領域・内容
《読むことと書くこと》　小学校学年別漢字配当表の第6学年までの学習漢字を読み、書くことができる。
◉音読みと訓読みとを正しく理解していること
◉送り仮名や仮名遣いに注意して正しく書けること
◉熟語の構成を知っていること
◉対義語、類義語を正しく理解していること
◉同音・同訓異字を正しく理解していること
《四字熟語》　四字熟語を正しく理解している（有名無実、郷土芸能　など）。
《筆順》　筆順、総画数を正しく理解している。
《部首》　部首を理解し、識別できる。

漢字であそぼう！
1週目
わくわくひろば
1
今週は
どんな 漢字を
学ぶまる？
てじなショーの　はじまり　はじまり。
ぼうしから　なにが　出て　くるのかな？
「日」「月」「火」「水」「百」の　ぶぶんを
漢字ごとに　それぞれ　ちがう
いろで　ぬってね。　ほかの　漢字の
ぶぶんに　いろは　ぬらないよ。
8

10
1週目に
学ぶ漢字だよ
一二三四五六七八九十百千日月火水
解答（こたえ）は別冊11ページ
ここに
シールを
はろう！
四
五
六
水
水
一
七
十
千
水
水
水
日
水
一
千
水
水
六
七
四
百
水
五
五
六
六
水
水
三
六
六
八
水
水
千
九
五
一
水

1日目

かずの漢字（一・二・三）

よみ

イチ
イツ
ひと
ひと（つ）

1画

ぶしゅ 一

ぶしゅめい いち

ひつじゅん

一

れんしゅうしよう！

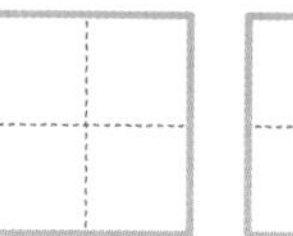

よみ

ニ
ふた
ふた（つ）

2画

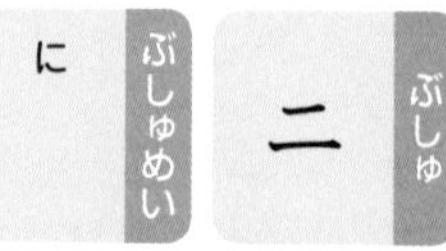

ぶしゅめい に

ひつじゅん

一 二

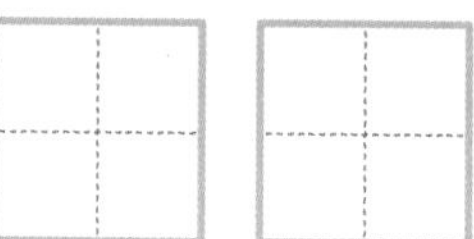

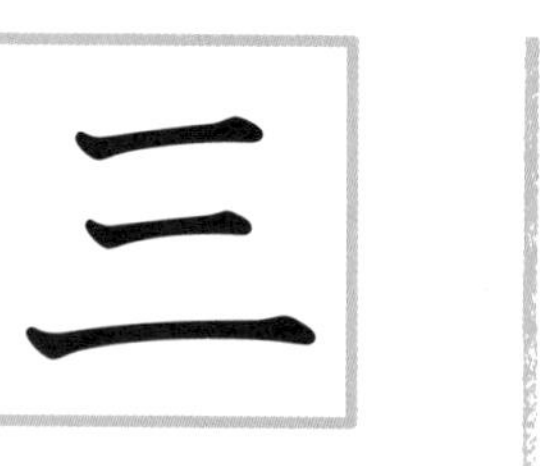

よみ

サン
み
み（つ）
みっ（つ）

3画

ぶしゅ 一

ぶしゅめい いち

ひつじゅん

一 二 三

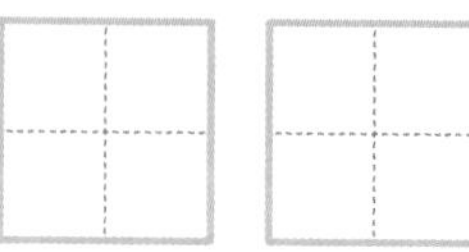

1

つぎの —せんの **漢字**(かんじ)の **よみがな**を（　）の 中(なか)に かきなさい。

/5

① りんごを 一つ（　　） かう。

② 三人(にん)（　　）で 出(で)かける。

③ 一年生(ねんせい)（　　）に なった。

④ いちまるが 貝(かい)を 二つ（　　） たべる。

⑤ さかなを 二ひき（　　） つった。

2

つぎの **ことば**と **え**を せんで つなぎなさい。

（れい） 二こ ●——●

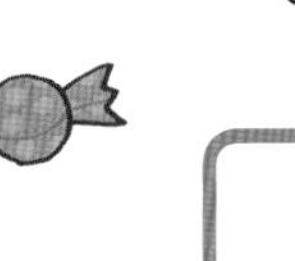

/3

① 一ぴき ●　　●

② 三さつ ●　　●

③ 二本(ほん) ●　　●

解答(かいとう)（こたえ）は別冊(べっさつ)2ページ

かずの漢字（四五六）

四

よみ

5画

シ
よ
よ(つ)
よっ(つ)
よん

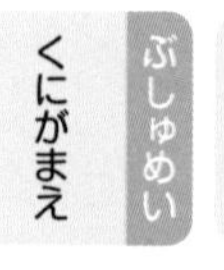

ぶしゅ 口

ぶしゅめい くにがまえ

ひつじゅん

れんしゅうしよう！

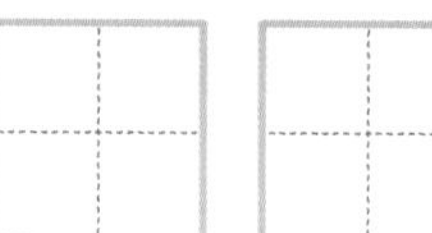

五

よみ

4画

ゴ
いつ
いつ(つ)

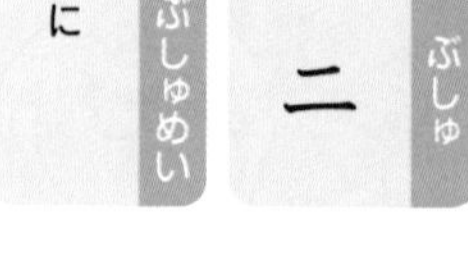

ぶしゅ 二

ぶしゅめい に

ひつじゅん

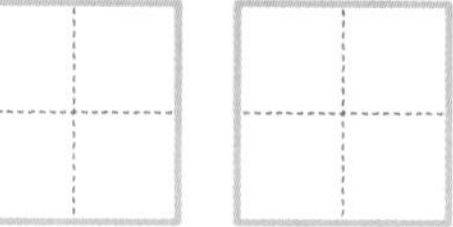

六

よみ

4画

ロク
む
む(つ)
むっ(つ)
むい

ぶしゅ 八

ぶしゅめい は

ひつじゅん

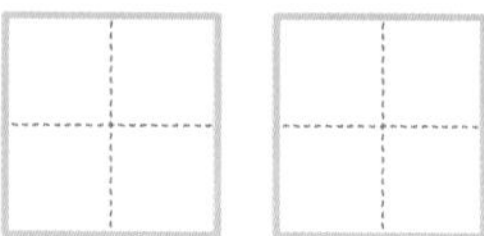

1 つぎの―せんの**漢字(かんじ)**の**よみがな**を（　）の中(なか)にかきなさい。

/5

① 四じかんめは　こくごだ。（　）

② ケーキを　五つ　えらぶ。（　）

③ えほんを　五さつ　よんだ。（　）

④ 四この　ももを　たべた。（　）

⑤ 六わの　ひよこが　あるく。（　）

2 ばらばらになっている**漢字(かんじ)**をつなげてもとにもどし、□の中(なか)にかきなさい。

/3

① 丨・・八

② 亠・・ユ

③ 丆・・四

① □

② □

③ □

ここにシールをはろう！

解答(かいとう)（こたえ）は別冊(べっさつ)2ページ

2画（かく）

よみ
シチ
なな
なな（つ）
なの

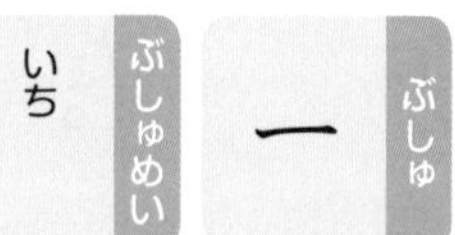

ぶしゅ　一
ぶしゅめい　いち

ひつじゅん

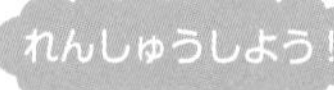

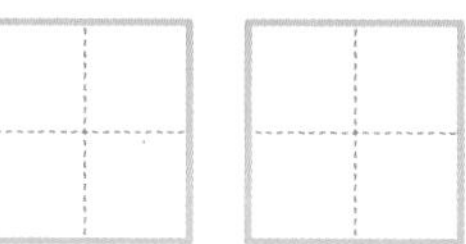

2画

よみ
ハチ
や（つ）
やっ（つ）
よう

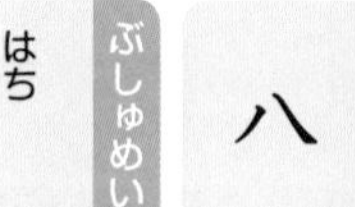

ぶしゅ　八
ぶしゅめい　はち

ひつじゅん
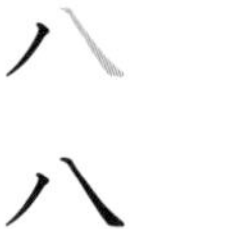

2画

よみ
キュウ
ク
ここの
ここの（つ）

ぶしゅ　乙
ぶしゅめい　おつ

ひつじゅん
九
九

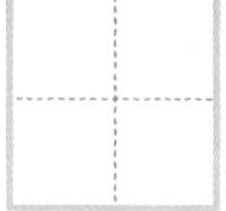

1

つぎの―せんの**漢字**の**よみがな**を（　）の中にかきなさい。

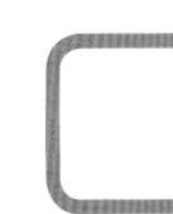

／5

1 つばきの　花が　七つ（　　）　さいた。

2 あめを　九こ（　　）　もらった。

3 おはじきを　九つ（　　）　ならべる。

4 いつも　八じに（　　）　ねる。

5 空に　七いろの（　　）　にじが　かかる。

2

つぎの□の中に**漢字**を、○の中に**カタカナ**をかきなさい。

／5

1 ○（の）ー○（と）が　□（ご）さつ　ある。

2 ○（て）○（す）○（と）は　□（く）じからだ。

3 □（なな）本の　えんぴつを　かう。

4日目 かずの漢字(十百千)

十

2画

よみ

ジュウ
ジッ
とお
と

ぶしゅ	ぶしゅめい
十	じゅう

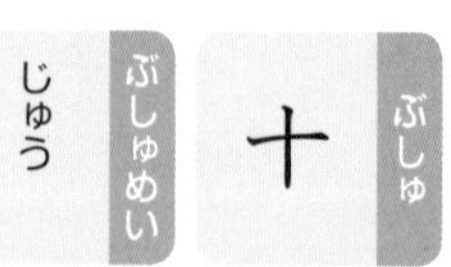

ひつじゅん

百

6画

よみ

ヒャク

ぶしゅ	ぶしゅめい
白	しろ

ひつじゅん

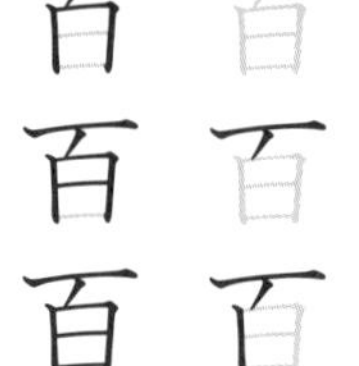

千

3画

よみ

セン
ち

ぶしゅ	ぶしゅめい
十	じゅう

ひつじゅん

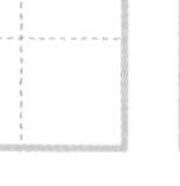

1 つぎの ―せんの 漢字（かんじ）の **よみがな**を（　）の 中（なか）に かきなさい。

／5

1. ずかんの ねだんは 千円（えん）だ。（　　）
2. 十人（にん）で なわとびを した。（　　）
3. 六月（がつ）は 雨（あめ）の 日（ひ）が おおい。（　　）
4. おばあさんは 百さいだ。（　　）
5. 三月八日（か）に 生（う）まれた。（　　）

2 つぎの 漢字（かんじ）の **かきはじめ**は **あ・い・う**の どれですか。○の 中（なか）に かきなさい。

／3

1.

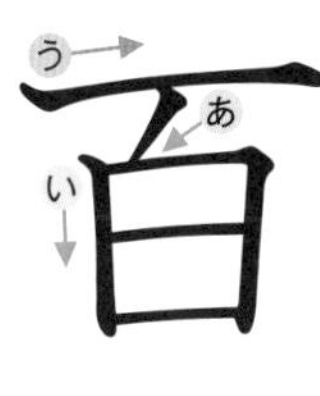

2.

3.

解答（かいとう）（こたえ）は別冊（べっさつ）2ページ

10 5 日目

よう日・ときの漢字（日月火水）

日

よみ
ニチ
ジツ
ひ
か

4画

ぶしゅ 日
ぶしゅめい ひ

ひつじゅん
日 日 日 日

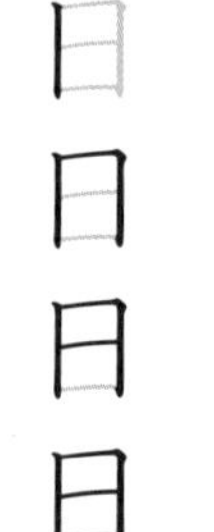

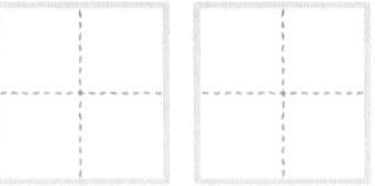

月

よみ
ゲツ
ガツ
つき

4画

ぶしゅ 月
ぶしゅめい つき

ひつじゅん
月 月 月 月

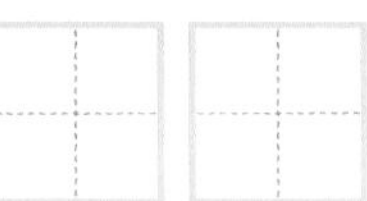

火

よみ
カ
ひ
ほ㊝

4画

ぶしゅ 火
ぶしゅめい ひ

ひつじゅん
火 火 火 火

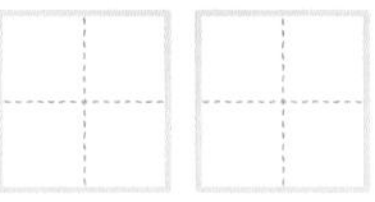

水

よみ
スイ
みず

4画

ぶしゅ 水
ぶしゅめい みず

ひつじゅん
水 水 水 水

1 つぎの―せんの**漢字**(かんじ)の**よみがな**を（　）の中(なか)にかきなさい。

/5

1. 火よう日に　まつりが　ある。（　）
2. お月さまを　見(み)る。（　）
3. 六十だんの　石(いし)だんを　のぼる。（　）
4. 日よう日は　雨(あめ)が　ふるそうだ。（　）
5. すきな　いろは　水いろだ。（　）

2 つぎの□の中(なか)に**漢字**(かんじ)を　かきなさい。

/5

1. ひつじが　□(じっ)ぴきも　いる。
2. 花(はな)□(び)たいかいは　□(はち)じに　はじまる。
3. □(よ)人(にん)が　□(いち)れつに　ならぶ。

解答(かいとう)（こたえ）は別冊(べっさつ)3ページ

ここにシールをはろう！

6日目 ふくしゅうもんだい

1 □に **ひらがな**を **一字** かいて、つぎの **ことば**の **よみ**を こたえなさい。
（れい 二つ…ふ[た]つ）

／6

① 六つ…□(1)っつ

② 一日…□(2)い□(3)ち

③ 水車（しゃ）…す□(4)しゃ

④ まん月…まん□(5)つ

⑤ 四つ…□(6)っつ

2 つぎの□の中（なか）に**漢字**（かんじ）を かきなさい。

／5

① □（く）月に □（なな）さいに なったばかりだ。

② □（せん）円（えん）を もって おつかいに いく。

③ □（じゅう）五ふんで □（ひゃく）だんの かいだんを のぼる。

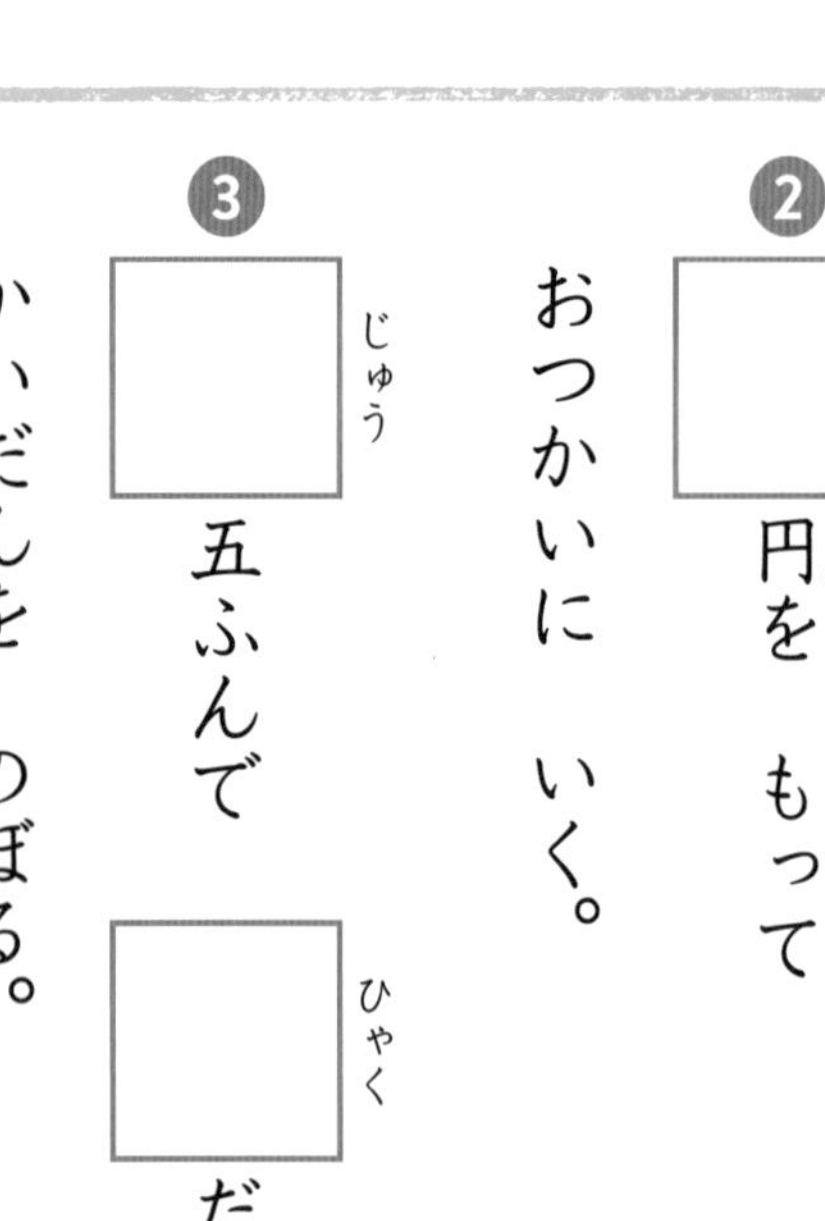

3

つぎの 漢字(かんじ)の **ふとい** ところは **おわりに** かきます。**なんばんめに** かくか、正(ただ)しい ほうの **数字(すうじ)**に ○を つけなさい。

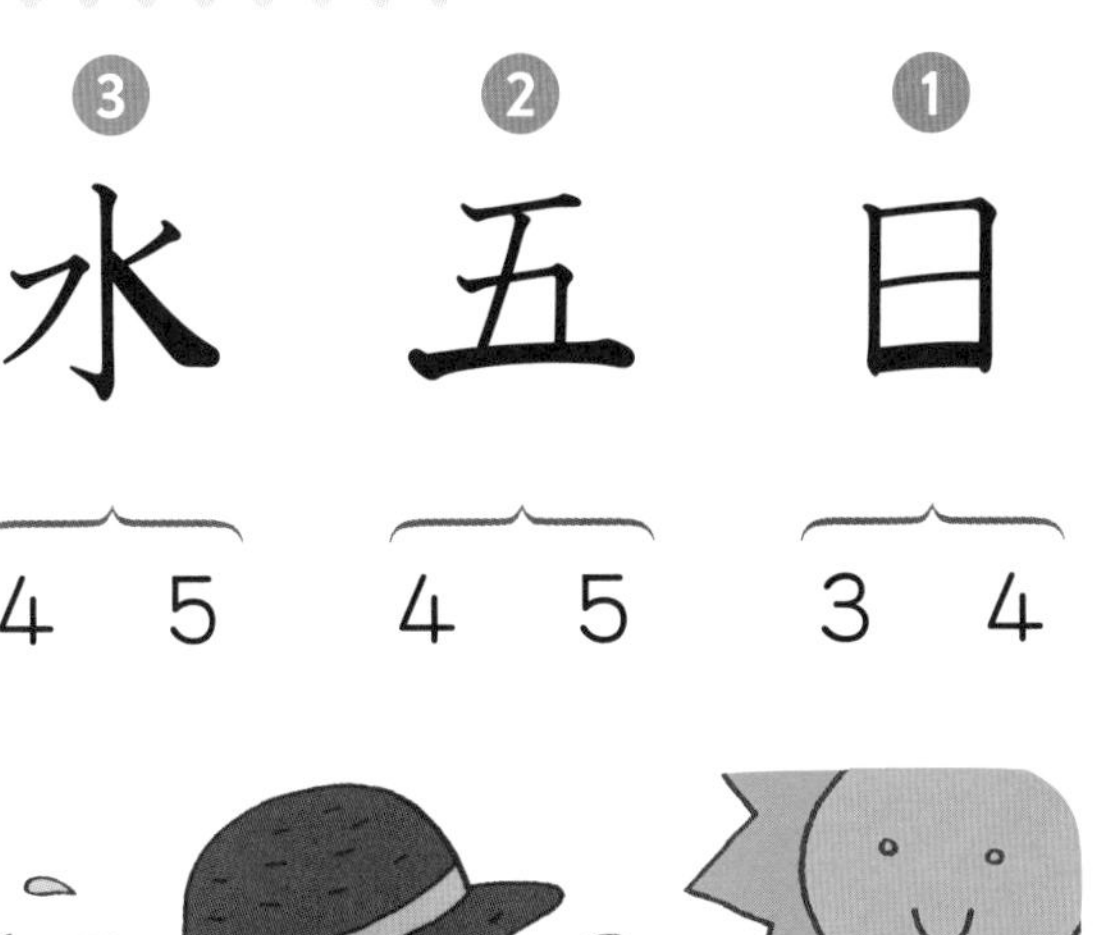

① 日　３　４

② 五　４　５

③ 水　４　５

／3

4

つぎの□の 中(なか)に **漢字(かんじ)**を かきなさい。

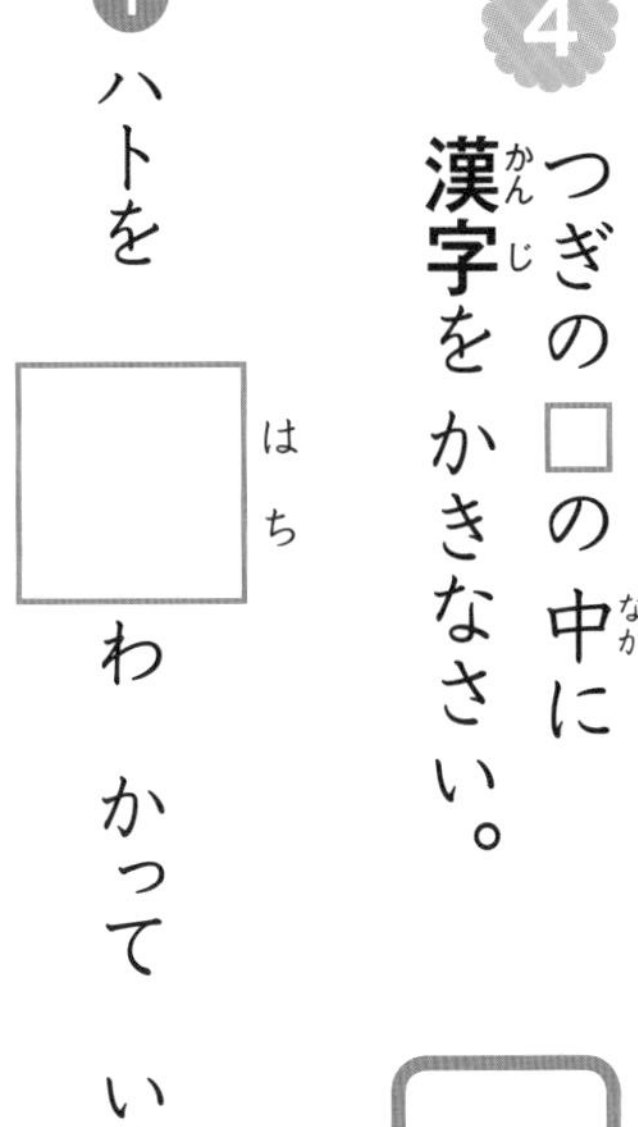

① ハトを □(はち) わ かって いる。

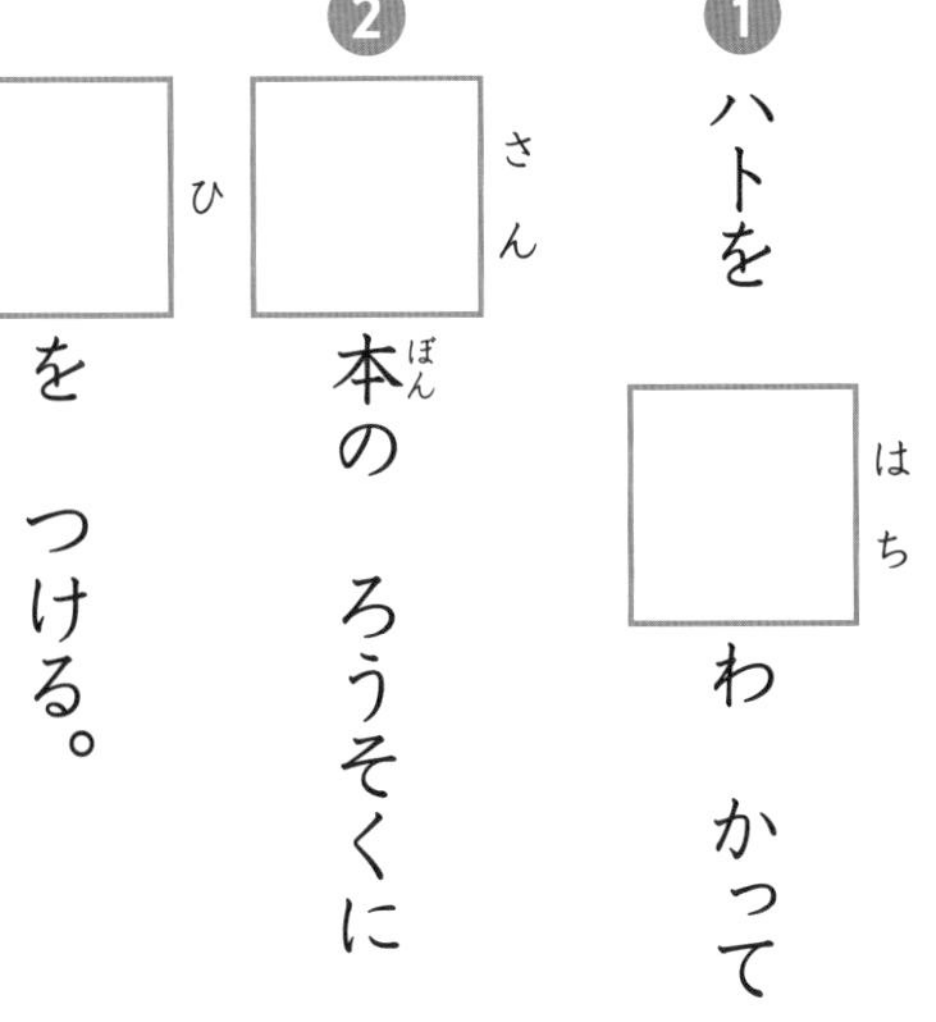

② □(さん) 本(ぼん)の ろうそくに □(ひ) を つける。

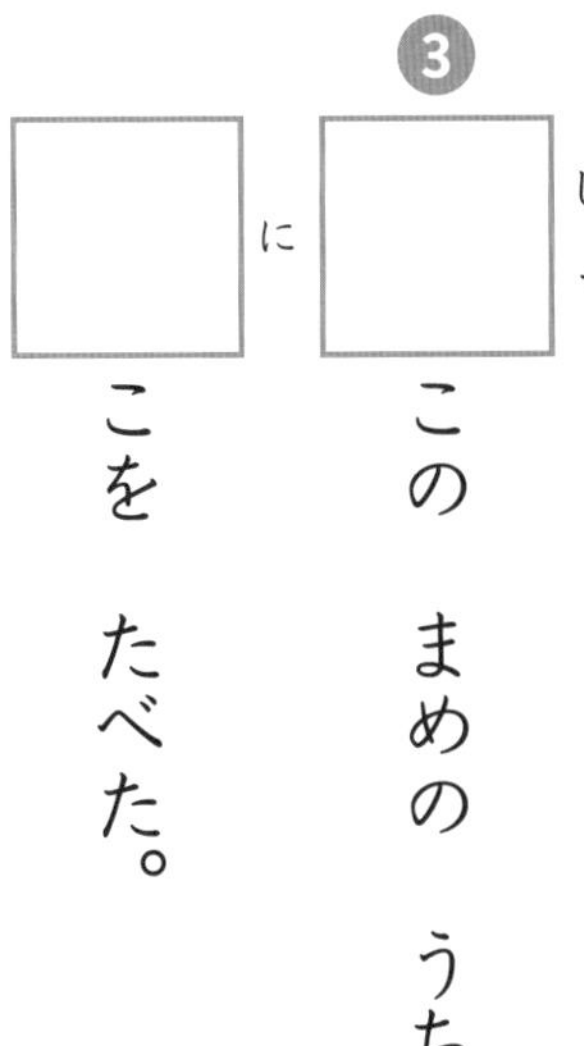

③ □(じっ) この まめの うち □(に) こを たべた。

／5

ここに シールを はろう！

解答(かいとう)（こたえ）は別冊(べっさつ)3ページ

漢字であそぼう！
2週目

わくわくひろば 2

漢字の　しまを　ぼうけんだ！
しまを　あるいて
ゴールの　ふねまで　いこう。
青い　花の　生えて　いる　みちは
とおれないよ！

10

2週目に学ぶ漢字だよ

木金土年大中小上下左右赤白青雨音花

解答（こたえ）は別冊11ページ

ここにシールをはろう！

7日目

よう日・ときの漢字（木金土年）

木

よみ

4画

ボク　モク　き　こ

ぶしゅ　木

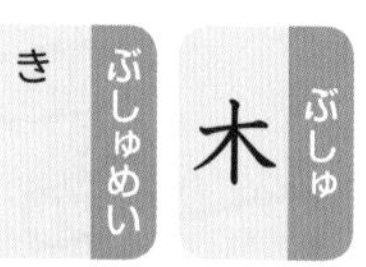

ぶしゅめい　き

ひつじゅん

木木木木

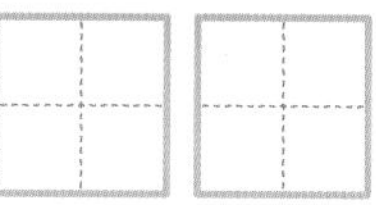

れんしゅうしよう！

金

よみ

8画

キン　コン　かね　かな

ぶしゅ　金

ぶしゅめい　かね

ひつじゅん

金金金金金金金金

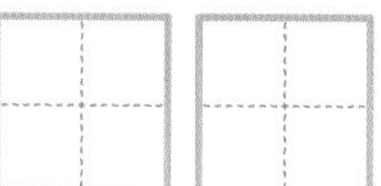

土

よみ

3画

ド　ト　つち

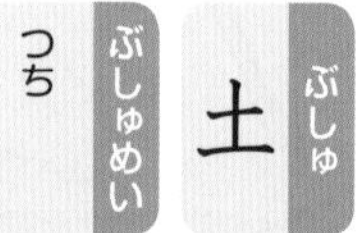

ぶしゅ　土

ぶしゅめい　つち

ひつじゅん

土土土

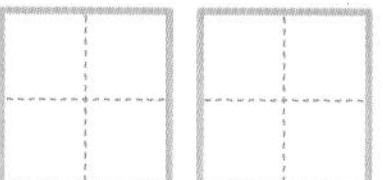

年

よみ

6画

ネン　とし

ぶしゅ　干

ぶしゅめい　かん　いちじゅう

ひつじゅん

年年年年年年

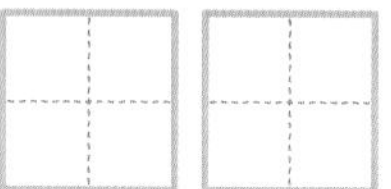

れんしゅうもんだい

2週目(しゅうめ)

1

つぎの―せんの**漢字**(かんじ)の**よみがな**を（　）の中(なか)にかきなさい。

/5

① 金よう日に　ピアノを　ならう。（　）

② お年よりに　せきを　ゆずった。（　）

③ 土の　だんごを　ならべる。（　）

④ 木よう日に　テストが　ある。（　）

⑤ うえ木に　水を　やる。（　）

2

□に**ひらがな**を**一字**かいて、つぎの**ことば**の**よみ**をこたえなさい。

（れい　二つ…ふ[た]つ）

/6

① お　金…おか[1]

② 土よう日…[2]ようび

③ 三　つ…[3]っつ

④ お年玉(だま)…お[4]しだま

⑤ 二　日…[5]つ[6]

解答(かいとう)（こたえ）は別冊(べっさつ)3ページ

ここにシールをはろう！

8日目

大きさの漢字(かんじ)（大中小）

よみ

ダイ
タイ
おお
おお(きい)
おお(いに)

3画(かく)

ぶしゅ　大

ぶしゅめい　だい

ひつじゅん

れんしゅうしよう！

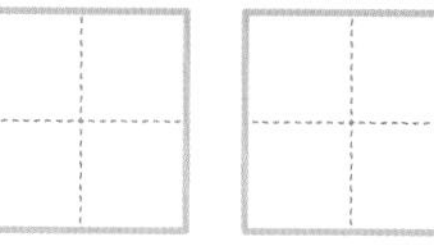

よみ

チュウ
ジュウ
なか

4画

ぶしゅ　丨

ぶしゅめい　ぼう　たてぼう

ひつじゅん

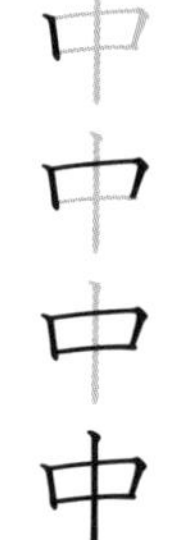

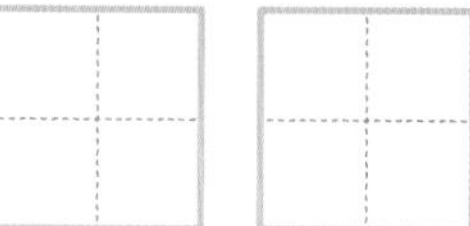

よみ

ショウ
ちい(さい)
こ
お

3画

ぶしゅ　小

ぶしゅめい　しょう

ひつじゅん

小
小
小

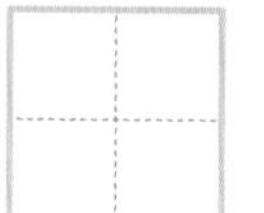

1 つぎの―せんの漢字（かんじ）のよみがなを（　）の中にかきなさい。

/5

① 小さな　手（て）ぶくろを　見（み）つけた。（　）

② 中ゆびに　けがを　した。（　）

③ ねん土で　あそぶ。（　）

④ 大きな　はっぱだ。（　）

⑤ お金を　たいせつに　する。（　）

2 つぎの―せんの漢字（かんじ）のよみがなで正（ただ）しいほうのばんごうに○をつけなさい。

/4

① 水中
1 ちゆう
2 ちゅう

② 大小
1 しょう
2 しよう

③ 四日
1 よっ
2 よつ

④ 九百
1 ひやく
2 ひゃく

解答（かいとう）（こたえ）は別冊（べっさつ）4ページ

9日目 むきの漢字（上下左右）

よみ

3画

ジョウ・ショウ㊂
うえ・うわ・かみ
あ(げる)・あ(がる)
のぼ(る)・のぼ(せる)㊥
のぼ(す)㊥

ぶしゅ

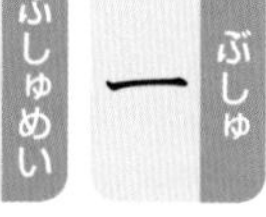

ぶしゅめい いち

ひつじゅん

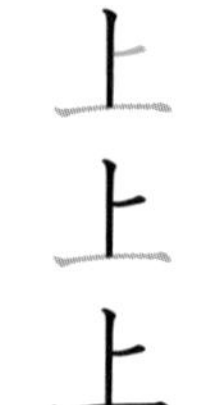

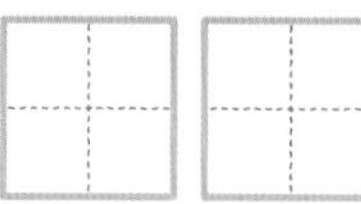

よみ

3画

カ・ゲ・した・しも
さ(げる)・さ(がる)
くだ(る)・くだ(す)
くだ(さる)・お(ろす)
お(りる)・もと㊥

ぶしゅ

ぶしゅめい いち

ひつじゅん

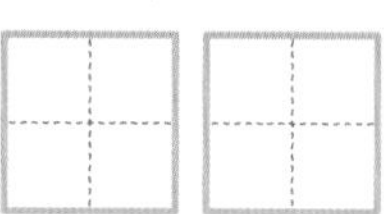

よみ

5画

サ
ひだり

ぶしゅ 工

ぶしゅめい え たくみ

ひつじゅん

左 左 左 左 左

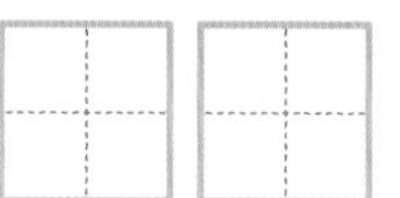

よみ

5画

ウ
ユウ
みぎ

ぶしゅ 口

ぶしゅめい くち

ひつじゅん

右 右 右 右 右

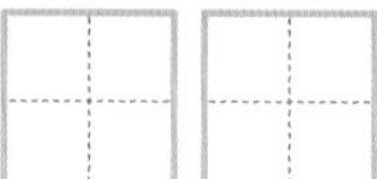

1 つぎの ―せんの 漢字（かんじ）の **よみがな**を（　）の 中に かきなさい。

/5

① 左がわの せきに すわる。（　）

② ともだちの いえに 上がる。（　）

③ おちばの 下に みみずが いた。（　）

④ 右がわに ならぶ。（　）

⑤ ろう下に せいれつする。（　）

2 つぎの 漢字（かんじ）の **かきはじめ**は **あ・い・う**の どれですか。○の 中に かきなさい。

/3

①

②

③

解答（かいとう）（こたえ）は別冊（べっさつ）4ページ

ここに シールを はろう！

10日目

いろの漢字（赤白青）

赤

7画

よみ
セキ
シャク ㊒
あか
あか(い)
あか(らむ)
あか(らめる)

ぶしゅ 赤
ぶしゅめい あか

ひつじゅん

れんしゅうしよう！

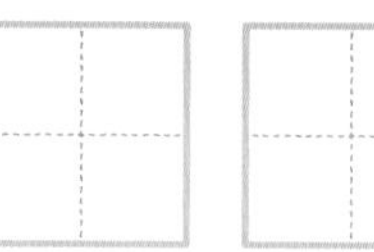

白

5画

よみ
ハク
ビャク ㊒
しろ
しら
しろ(い)

ぶしゅ 白
ぶしゅめい しろ

ひつじゅん

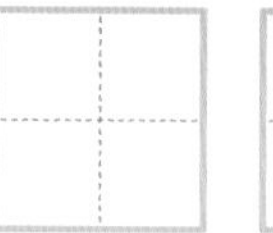

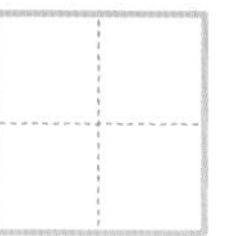

青

8画

よみ
セイ
ショウ ㊒
あお
あお(い)

ぶしゅ 青
ぶしゅめい あお

ひつじゅん

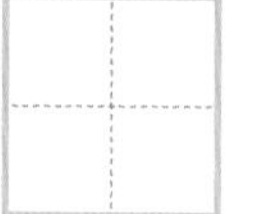

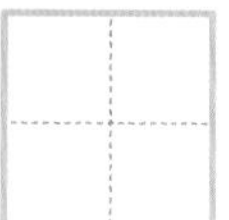

1 つぎの—せんの**漢字**の**よみがな**を（　）の中にかきなさい。　／5

1 **青**の　ペンを　かう。（　　）

2 石を　もち**上**げる。（　　）

3 いちまるの　からだは　**白**い。（　　）

4 うまの　**赤**ちゃんが　立った。（　　）

5 **大**つぶの　雨が　ふる。（　　）

2 つぎの**ことば**と**え**を　せんで　つなぎなさい。　／3

（れい）つみ木 ●――●

1 赤おに ●　　●

2 くつ下 ●　　●

3 金ぎょ ●　　●

11日目 しぜんの漢字（かんじ）（雨音花）

雨

よみ
ウ
あめ
あま

8画（かく）

ぶしゅ：雨
ぶしゅめい：あめ

ひつじゅん
雨雨雨雨雨雨雨雨

れんしゅうしよう！

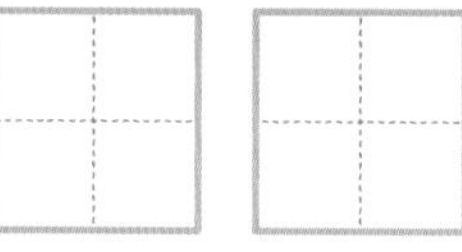

音

よみ
オン
イン㊥
おと
ね

9画

ぶしゅ：音
ぶしゅめい：おと

ひつじゅん
音音音音音音音音音

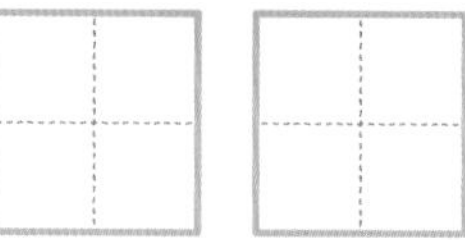

花

よみ
カ
はな

7画

ぶしゅ：艹
ぶしゅめい：くさかんむり

ひつじゅん
花花花花花花花

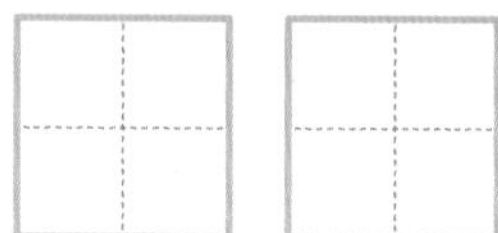

1

つぎの―せんの漢字（かんじ）のよみがなを（　）の中にかきなさい。

／5

1. 山（やま）の 上（　　）に 月が のぼる。
2. ラジオの 音（　　）を きく。
3. クラスで 花（　　）を そだてた。
4. 火（　　）じは おそろしい ものだ。
5. 雨（　　）の 日に ながぐつを はく。

2

つぎの「音」と「下」のよみがなで正（ただ）しいものをせんでつなぎなさい。

／5

1
- 音いろ ●　　● ね
- 音がく ●　　● おん

2
- 下じき ●　　● お
- ろう下 ●　　● した
- 下りる ●　　● か

ここにシールをはろう！

解答（かいとう）（こたえ）は別冊（べっさつ）4ページ

1

おなじ なかまの ことばや はんたいの いみを あらわす ことばを せんで つなぎなさい。

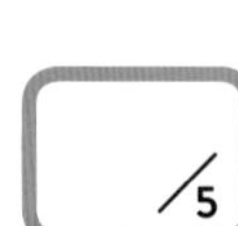
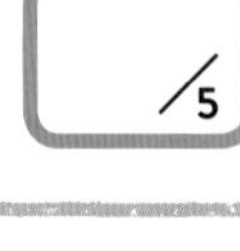
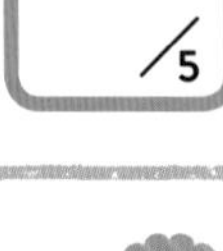

／5

① 小さい・　・三かく

② 下・　・大きい

③ まる・　・白

④ ほし・　・上

⑤ 赤・　・月

2

つぎの□の中に漢字（かんじ）をかきなさい。

／5

① まい日 □（ひゃく） 円（えん）を ちょ□（きん）する。

② □（き）の あなの □（なか）に りすが すむ。

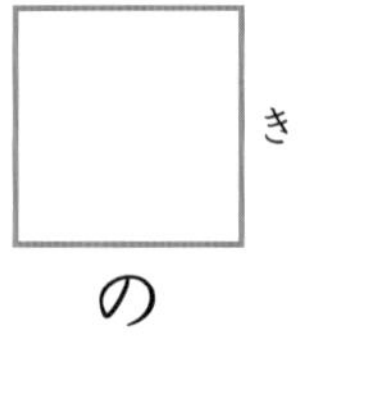

③ もの□（おと）に おどろく。

3

つぎの **漢字（かんじ）** の **ふとい** ところは **なんばんめ** に かきますか。○の 中に **数字（すうじ）** を かきなさい。

① 赤 …… ○

② 年 …… ○

③ 雨 …… ○

④ 青 …… ○

／4

4

つぎの **漢字（かんじ）** を □の 中に かきなさい。

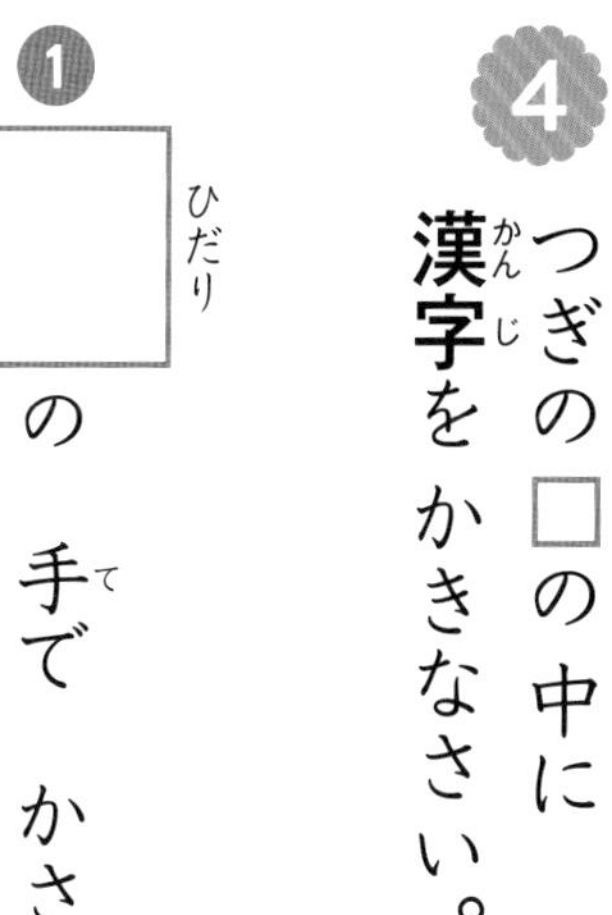

① □（ひだり）の 手（て）で かさを もつ。

② つくえの □（みぎ）がわに □（はな）を かざる。

③ ねん□（ど）を □（ここの）つに わける。

／5

ここに シールを はろう！

解答（かいとう）（こたえ）は別冊（べっさつ）5ページ

漢字であそぼう！ 3週目

わくわくひろば 3

のはらに　虫とりに　きたよ！
虫は　どこに　いるのかな？
「空」「草」「林」「虫」の　ぶぶんを
漢字ごとに　それぞれ
ちがう　いろで　ぬってね。

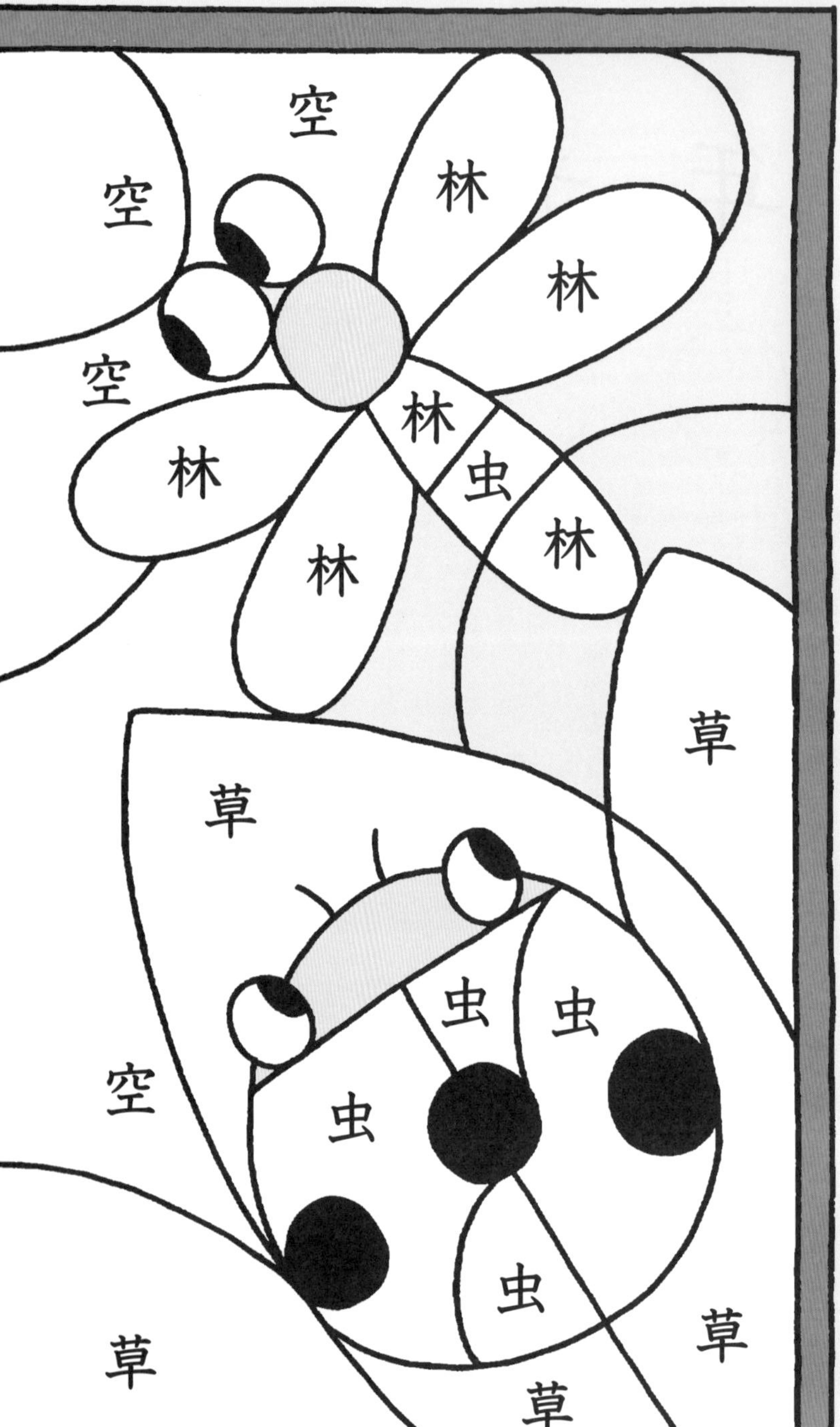

空 空 空 空 林 林 林 林 林 林 虫 草 草 虫 虫 虫 虫 空 草 草 草

10

3週目に学ぶ漢字だよ

空気山森夕石川草竹天力林貝犬虫

解答（こたえ）は別冊12ページ

空

空

林

虫

林

林

林

空

林

空

虫

虫

虫

虫

空

草

10 ここにシールをはろう！

13日目

しぜんの漢字（空気山）

空

8画

よみ
クウ
そら
あ(く)
あ(ける)
から

ぶしゅ 穴
ぶしゅめい あなかんむり

ひつじゅん
空 空 空 空 空 空 空 空

気

6画

よみ
キ
ケ

ぶしゅ 气
ぶしゅめい きがまえ

ひつじゅん
気 気 気 気 気 気

山

3画

よみ
サン
やま

ぶしゅ 山
ぶしゅめい やま

ひつじゅん
山 山 山

れんしゅうしよう！

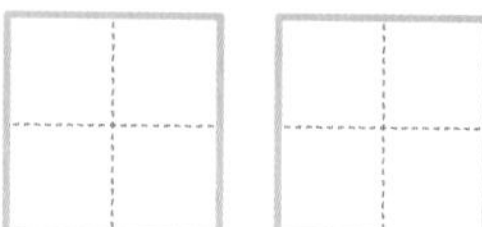

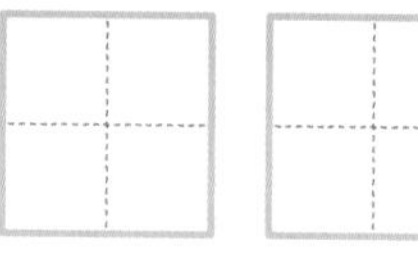

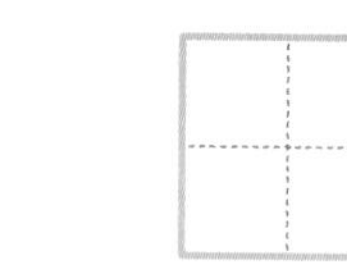

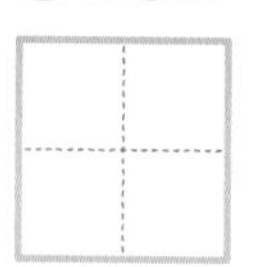

1

つぎの―せんの漢字(かんじ)のよみがなを（　）の中にかきなさい。

/10

1. いちまるは　赤い（　）花（　）が　すきだ。
2. 気（　）もちの　よい　空（　）だ。
3. 山（　）みちで　小（　）さな　石(いし)を　ひろう。
4. ちょ金（　）ばこの　大（　）きさを　はかる。
5. 六（　）じに　ふとんから　おき上（　）がる。

2

つぎの□の中に漢字(かんじ)をかきなさい。

/6

1. □(さん)人(にん)で　たき□(び)を　かこむ。
2. □(あめ)で　□(やま)のぼりは　とりやめに　なった。
3. いきを　はくと　□□(くうき)が　□(しろ)く　見(み)える。

10 ここにシールをはろう！

解答(かいとう)（こたえ）は別冊(べっさつ)5ページ

しぜんの漢字(かんじ)(森 夕 石)

12画(かく)

よみ
シン
もり

ぶしゅ 木
ぶしゅめい き

ひつじゅん

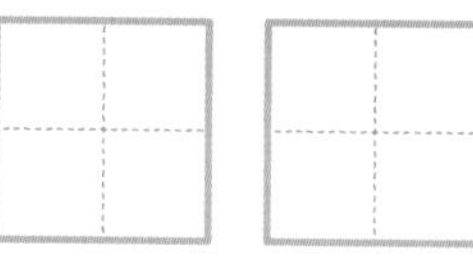

3画

よみ
セキ㊥
ゆう

ぶしゅ 夕
ぶしゅめい た ゆうべ

ひつじゅん

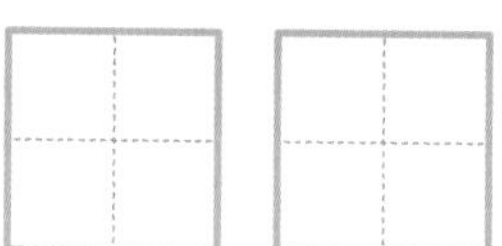

5画

よみ
セキ
シャク
コク㊥
いし

ぶしゅ 石
ぶしゅめい いし

ひつじゅん

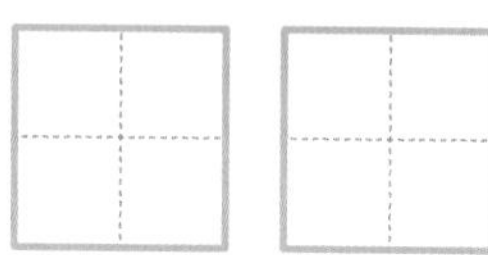

れんしゅうもんだい

1 つぎの―せんの**漢字**(かんじ)の**よみがな**を（　）の中にかきなさい。

／10

1. うえ木(　)ばちに　日(　)が　あたる。
2. 森(　)の　ようすが　気(　)に　なる。
3. 千円(えん)(　)さつを　五(　)まい　もらった。
4. 夕(　)がたに　花火(　)を　よういする。
5. 山(　)の　中で　石(　)だんを　見(み)つけた。

2 つぎの□にあてはまる**漢字**(かんじ)を下の[　]からえらんでかきなさい。

／5

1. ゆう □ 日……あさ日

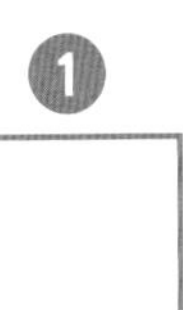

2. みず □……こおり
3. いし □……いわ
4. あお □……赤
5. そら □……うみ

石　水　空　青　夕

3週目(しゅうめ)

10 ここにシールをはろう！

解答(かいとう)（こたえ）は別冊(べっさつ)5ページ

15日目

しぜんの 漢字（川草竹）

川

3画

よみ

セン㊥
かわ

ぶしゅ：川
ぶしゅめい：かわ

ひつじゅん

川 川 川

れんしゅうしよう！

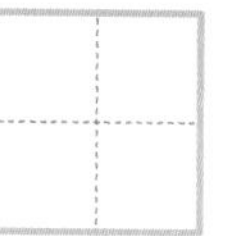
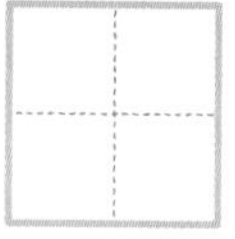

草

9画

よみ

ソウ
くさ

ぶしゅ：艹
ぶしゅめい：くさかんむり

ひつじゅん

草 草 草 草 草 草 草 草 草

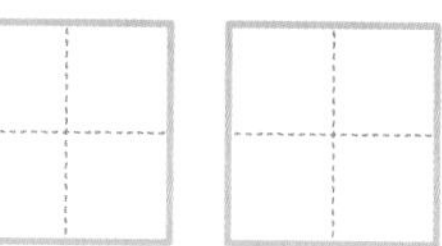

竹

6画

よみ

チク
たけ

ぶしゅ：竹
ぶしゅめい：たけ

ひつじゅん

竹 竹 竹 竹 竹 竹

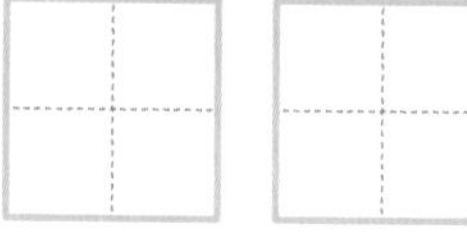

1 つぎの―せんの**漢字**(かんじ)の**よみがな**を（　）の中にかきなさい。

／10

1 草(　)げんで　竹(　)とんぼを　とばす。

2 大(　)きな　木(　)に　のぼる。

3 コンロから　青(　)い　火(　)が　出(で)る。

4 草(　)とりと　水(　)やりを　する。

5 この先(さき)(　)で　川(　)が　右(　)に　まがる。

2 つぎの**漢字**(かんじ)の中には、「百」のように、六回(ろっかい)でかく漢字(かんじ)が三つあります。その**漢字**(かんじ)を□の中にかきなさい。

／3

竹　森　気

空　四　年

□
□
□

ここにシールをはろう！

解答(かいとう)（こたえ）は別冊(べっさつ)6ページ

しぜんの漢字（天力林）

天

4画

よみ
テン
あま
あめ 高

ぶしゅ：大
ぶしゅめい：だい

ひつじゅん
天 天 天 天

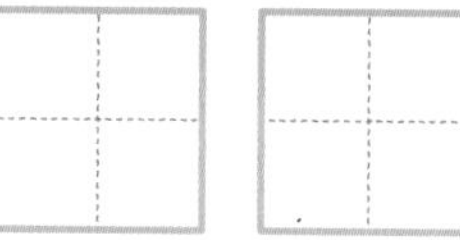

力

2画

よみ
リョク
リキ
ちから

ぶしゅ：力
ぶしゅめい：ちから

ひつじゅん
力 力

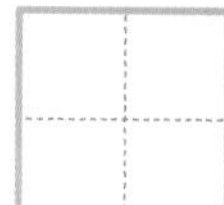

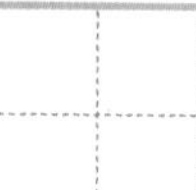

林

8画

よみ
リン
はやし

ぶしゅ：木
ぶしゅめい：きへん

ひつじゅん
林 林 林 林 林 林 林 林

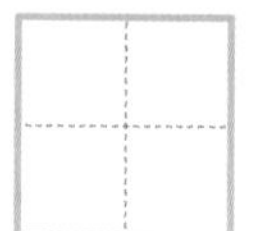

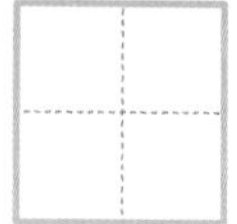

1 つぎの―せんの漢字(かんじ)のよみがなを（　）の中にかきなさい。 /10

❶ ちかくの　林（　）の　中（　）で　あそぶ。
❷ 金（　）メダルを　力（　）づよく　にぎる。
❸ 雨（　）ふりで　ざっ草（　）が　ふえた。
❹ 草（　）はらで　げん気（　）に　はしる。
❺ 天（　）たかく　竹（　）が　のびて　いる。

2 つぎの□の中に漢字(かんじ)を　かきなさい。 /6

❶ □(いし)を　つんで　□(か)だんを　つくる。
❷ □□(しんりん)で　□(き)もちを　おちつかせる。
❸ □(ゆう)がたに　あしたの　□□(てんき)よほうを　見(み)た。

ここに シールを はろう！

解答(かいとう)（こたえ）は別冊(べっさつ)6ページ

17日目

生(い)きものの 漢字(かんじ)（貝犬虫）

よみ

7画(かく)

かい

ぶしゅ 貝

ぶしゅめい かい こがい

ひつじゅん

よみ

4画

ケン
いぬ

ぶしゅ 犬

ぶしゅめい いぬ

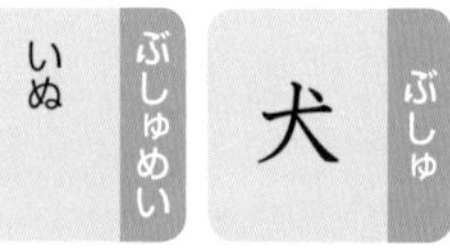

ひつじゅん

よみ

6画

チュウ
むし

ぶしゅ 虫

ぶしゅめい むし

ひつじゅん

れんしゅうしよう！

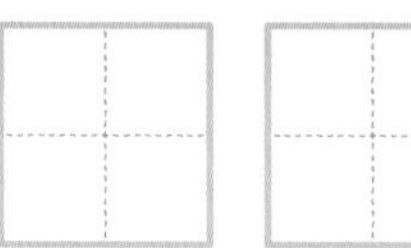

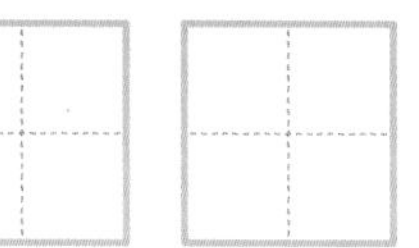

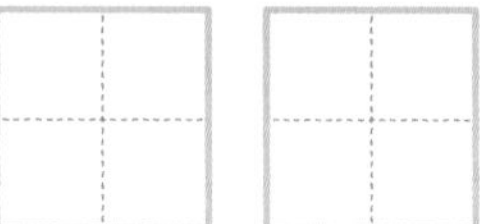

1 つぎの ―せんの 漢字(かんじ)の **よみがな**を（　）の 中に かきなさい。

/10

1. かぶと虫（　）の よう虫（　）を 見(み)つけた。
2. 草（　）むらまで 竹（　）うまを はこぶ。
3. 貝（　）がらと 子(こ)犬（　）の しゃしんだ。
4. 赤（　）えんぴつで 夕（　）やけを えがく。
5. 白（　）ぐみと 力（　）いっぱい たたかう。

2 つぎの □に あてはまる 漢字(かんじ)を下の ▢ から えらんで かきなさい。

/5

1. □（いぬ）……ねこ
2. □（はやし）……森
3. □（かい）……さかな
4. □（やま）……川
5. □（いし）……土

犬　林　山　貝　石

18日目 ふくしゅうもんだい

1 □に**ひらがな**を**一字**かいて、つぎの**ことば**の**よみ**をこたえなさい。 ／6

（れい　ふじ山…ふじ[さ]ん）

❶ 左　右…[1]ゆ[2]

❷ 大　雨…お[3]あめ

❸ 八　つ…[4]っつ

❹ くつ下…くつ[5]た

❺ 五　日…い[6]か

2 つぎの□の中に**漢字**（かんじ）をかきなさい。 ／6

❶ 土ひょうの[うえ]で[ちから]をくらべる。

❷ [あお]い　空に[たけ]とんぼがとぶ。

❸ [むし]めがねで[くさ]むらをかんさつする。

3 つぎの漢字(かんじ)の**ふとい**ところは**なんばんめ**にかきますか。○の中に**数字(すうじ)**をかきなさい。

/4

① 石

② 空

③ 犬

④ 貝

4 つぎの**漢字(かんじ)**を□の中にかきなさい。

① □□(てんき)がかわり□(ゆう)だちがきた。

② □(はやし)から□(おと)がきこえる。

③ □(もり)の中を□(かわ)がながれる。

/6

3週目(しゅうめ)

10 ここにシールをはろう！

解答(かいとう)（こたえ）は別冊(べっさつ)6、7ページ

漢字であそぼう!
4週目

わくわくひろば 4

学校に おばけが あらわれて、こくばんに
かかれた 漢字や えの いちぶを けしちゃった!!
上と 下の こくばんを 見くらべて、
ちがう ところを 六つ 見つけてね。 見つけたら
「けすまえ」の 漢字や えに ○を つけよう。

けすまえ

○月△日×よう日

目
耳
口
手
足

10

4週目に学ぶ漢字だよ

口耳手人足目王子女男円休見出正生

解答（こたえ）は別冊12ページ

ここにシールをはろう！

人・からだの漢字（口耳手）

口

3画

よみ
コウ
ク
くち

ぶしゅ：口
ぶしゅめい：くち

ひつじゅん
口 口 口

れんしゅうしよう！

耳

6画

よみ
ジ㊥
みみ

ぶしゅ：耳
ぶしゅめい：みみ

ひつじゅん
耳 耳 耳 耳 耳 耳

手

4画

よみ
シュ
て
た㊥

ぶしゅ：手
ぶしゅめい：て

ひつじゅん
手 手 手 手

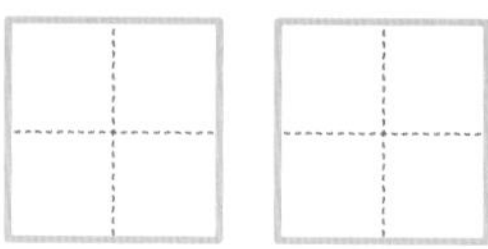

1

つぎの――せんの漢字(かんじ)のよみがなを（　）の中にかきなさい。

/10

① 虫の　こえに　耳を　すます。

② 天気の　よい日に　夕日を　見(み)る。

③ お気に入(い)りの　くつ下を　はく。

④ 白と　赤の　手ぶくろを　かう。

⑤ 口ぶえを　ふいて　犬を　よぶ。

2

つぎの□の中に漢字(かんじ)をかきなさい。

/6

① □(みみ)もとに　□(かい)がらを　ちかづける。

② 子(こ)□(いぬ)が　かいだんを　□(お)りる。

③ □(て)で　□(つち)を　ほる。

ここにシールをはろう！

解答(かいとう)（こたえ）は別冊(べっさつ)7ページ

20日目

人・からだの漢字（人足目）

よみ

2画

ジン
ニン
ひと

ひつじゅん

れんしゅうしよう！

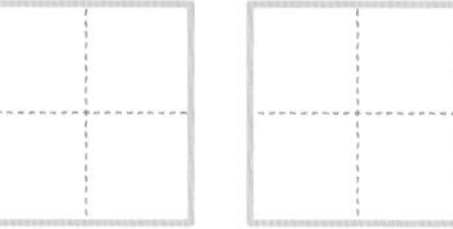

よみ

7画

ソク
あし
た(りる)
た(る)
た(す)

ひつじゅん

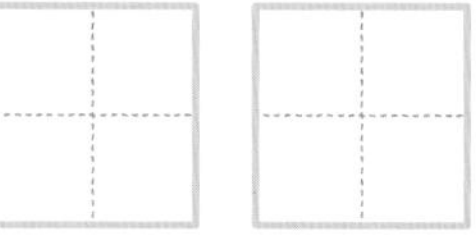

よみ

5画

モク
ボク(中)
め
ま(高)

ひつじゅん

1

つぎの――せんの**漢字**(かんじ)の**よみがな**を（　）の中にかきなさい。

/10

① いちまるが目（　）と口（　）をあける。

② 足（　）が　はやい　人（　）だ。

③ 手（　）じなが　大（　）すきだ。

④ 力（　）いっぱい　さか上（　）がりを　した。

⑤ えん足（　）で　こうえんを　目（　）ざす。

2

つぎの――せんの**漢字**(かんじ)の**よみがな**を（　）の中にかきなさい。

/4

1
㋐ 白い　くつを　二足（　）かう。
㋑ ねこが　まえ足（　）を　のばす。

2
㋐ こん虫（　）の　本(ほん)を　よむ。
㋑ てんとう虫（　）が　とんだ。

4週目(しゅうめ)

ここにシールをはろう！

解答(かいとう)（こたえ）は別冊(べっさつ)7ページ

10/21 日目

人・からだの漢字(かんじ)（王子女男）

王

よみ

4画(かく)

オウ

ぶしゅ 王

ぶしゅめい おう

ひつじゅん

王 王 王 王

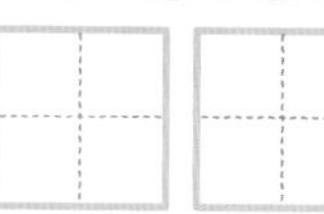

子

よみ

3画

こスシ

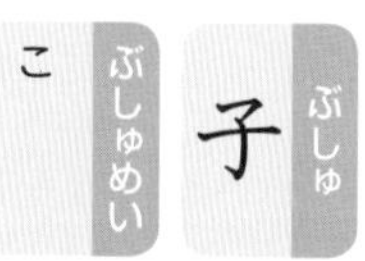

ぶしゅ 子

ぶしゅめい こ

ひつじゅん

子 子 子

女

よみ

3画

ジョ
ニョ㊥
ニョウ㊩
おんな
め㊥

ぶしゅ 女

ぶしゅめい おんな

ひつじゅん

女 女 女

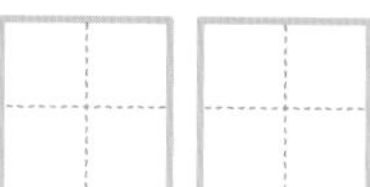

男

よみ

7画

ダン
ナン
おとこ

ぶしゅ 田

ぶしゅめい た

ひつじゅん

男 男 男 男 男 男 男

1 つぎの ―せんの 漢字(かんじ)の よみがなを（　）の 中に かきなさい。

/10

❶ 王（　）さまが 音（　）がくかいを ひらく。

❷ 女（　）の 人（　）と 男（　）の 人が いる。

❸ 小（　）さい 石（　）を あつめる。

❹ 左（　）の かごに 貝（　）を うつす。

❺ おや子（　）で 力（　）くらべを する。

2 つぎの 漢字(かんじ)の よみがなで 正(ただ)しい ほうの ばんごうに ○を つけなさい。

/4

❶ 一足
1 いつそく
2 いっそく

❷ 青年
1 せいねん
2 せえねん

❸ 女王
1 じょおお
2 じょおう

❹ 男女
1 だんじょ
2 だんじよ

ここに シールを はろう！

解答(かいとう)（こたえ）は別冊(べっさつ)7ページ

10/22日目

うごき・ようすの漢字（円休見）

円

4画

よみ：エン、まる(い)

ぶしゅ：冂

ぶしゅめい：どうがまえ、けいがまえ、まきがまえ

ひつじゅん：円 円 円 円

れんしゅうしよう！

休

6画

よみ：キュウ、やす(む)、やす(まる)、やす(める)

ぶしゅ：亻

ぶしゅめい：にんべん

ひつじゅん：休 休 休 休 休 休

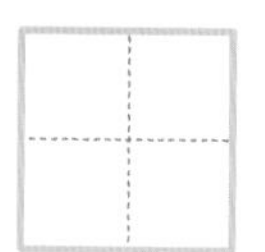

見

7画

よみ：ケン、み(る)、み(える)、み(せる)

ぶしゅ：見

ぶしゅめい：みる

ひつじゅん：見 見 見 見 見 見 見

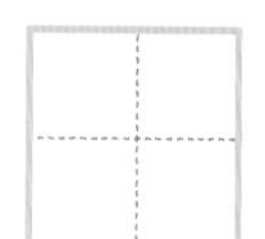

1

つぎの―せんの**漢字**（かんじ）の**よみがな**を（　）の中にかきなさい。

/10

1 円い（　）さらが（　）六まい（　）ある。

2 ひかる（　）月を（　）目じるしに（　）あるく。

3 まつりで（　）金ぎょを（　）見る。

4 ひる休みに（　）音がくを（　）きいた。

5 女の子が（　）ばた足を（　）して　いる。

2

つぎの□の中に**漢字**（かんじ）をかきなさい。

/6

1 □（たけ）やぶで　百□（えん）玉（だま）を　ひろう。

2 □（おう）さまが　おき□（あ）がる。

3 □（いし）だんで　□（あし）ぶみを　する。

ここにシールをはろう！

解答（かいとう）（こたえ）は別冊（べっさつ）8ページ

10/23日目

うごき・ようすの漢字（出正生）

出

5画

よみ
シュツ
スイ㊥
で(る)
だ(す)

ぶしゅ　山
ぶしゅめい　うけばこ

ひつじゅん
出 出 出 出 出

れんしゅうしよう！

正

5画

よみ
セイ
ショウ
ただ(しい)
ただ(す)
まさ

ぶしゅ　止
ぶしゅめい　とめる

ひつじゅん
正 正 正 正 正

生

5画

よみ
セイ・ショウ
い(きる)・い(かす)
い(ける)・う(まれる)
う(む)・は(える)
は(やす)・なま
お(う)㊥・き㊥

ぶしゅ　生
ぶしゅめい　うまれる

ひつじゅん
生 生 生 生 生

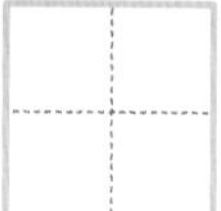

1 つぎの―せんの**漢字**(かんじ)の**よみがな**を（　）の中にかきなさい。

/10

❶ 正月に（　）いえで（　）お手玉(だま)を（　）する。

❷ 目ぐすりを（　）とり出す。（　）

❸ 六年生が（　）スキーに（　）出かける。（　）

❹ 生きものを（　）正しく（　）かう。

❺ 山のぼりの（　）とちゅうで（　）休む。（　）

2 つぎの□の中に**漢字**(かんじ)をかきなさい。

❶ □(で)る……はいる

❷ □(おとこ)……女

❸ □(こ)ども……おとな

❹ □(かわ)……うみ

❺ □(みみ)……はな

/5

ここにシールをはろう！

解答(かいとう)（こたえ）は別冊(べっさつ)8ページ

10 24日目

ふくしゅうもんだい

1 つぎの**漢字**(かんじ)の**ふとい**ところは**おわり**にかきます。**なんばんめ**にかくか、○の中に**数字**(すうじ)をかきなさい。

□ /4

① 円 …… ○

② 森 …… ○

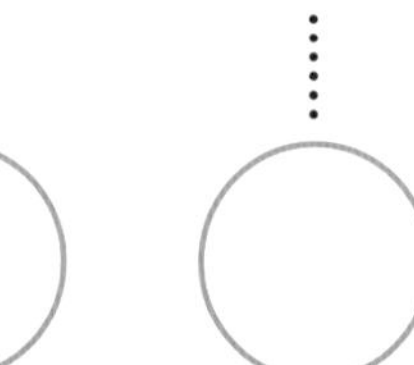

③ 見 …… ○

④ 天 …… ○

2 つぎの□の中に**漢字**(かんじ)をかきなさい。

□ /6

① ぬりえで　人の　□(くち)を　□(あか)く　ぬった。

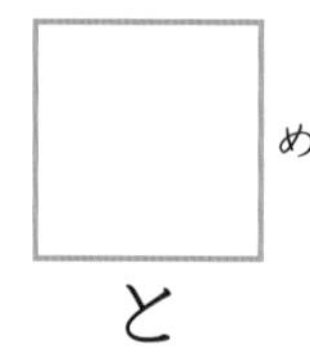

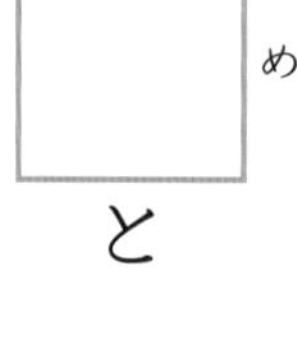

② □(め)と　□(みみ)の　しくみを　学(まな)ぶ。

③ □(おんな)の子が　七　□(にん)　いる。

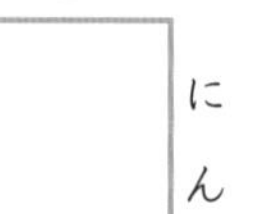

3 つぎの―せんの漢字（かんじ）のよみがなを（　）の中にかきなさい。

/6

1
㋐ もうどう犬（　）は　かしこい。
㋑ 犬（　）を　二ひき　かって　いる。

2
㋐ ともだちと　あく手（　）を　する。
㋑ しんせきに　手（　）がみを　かく。

3
㋐ 王子（　）さまが　馬車（ばしゃ）に　のる。
㋑ おや子（　）で　キャンプに　いく。

4 つぎの□の中に漢字（かんじ）をかきなさい。

/6

1 お□（しょう）□（がつ）に　かぞくで　□（で）かけた。

2 ふゆ□（やす）みに　□（い）きものを　かう。

3 □（おとこ）の子が　□（ちから）づよく　うなずく。

ここにシールをはろう！

解答（こたえ）は別冊8ページ

漢字(かんじ)であそぼう！
5週目(しゅうめ)

わくわくひろば 5

今週(こんしゅう)は どんな 漢字を 学(まな)ぶまる？

トントントン。 右と 左が おなじ かたちの 漢字(かんじ)を たてに はんぶんに きって りょうりするよ。 きる まえは、 どんな 漢字だったのかな？ かんがえて みよう。 いままでに 学(まな)んだ 漢字も あるよ。

10

5週目に学ぶ漢字だよ

早入立学校字先文名村町田玉糸車本

解答(こたえ)は別冊13ページ

10 ここにシールをはろう!

うごき・ようすの漢字（早入立）

早

6画（かく）

よみ
ソウ
サッ（中）
はや（い）
はや（まる）
はや（める）

ぶしゅ 日
ぶしゅめい ひ

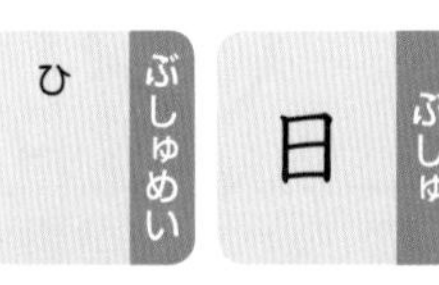

ひつじゅん

れんしゅうしよう！

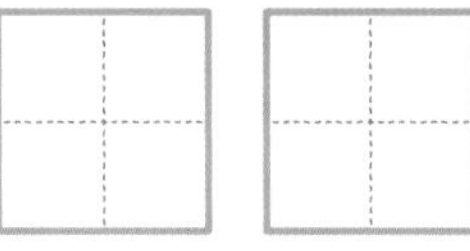

2画

よみ
ニュウ
い（る）
い（れる）
はい（る）

ぶしゅ 入
ぶしゅめい いる

ひつじゅん

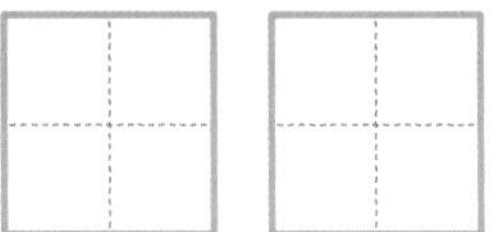

立

5画

よみ
リツ
リュウ（高）
た（つ）
た（てる）

ぶしゅ 立
ぶしゅめい たつ

ひつじゅん

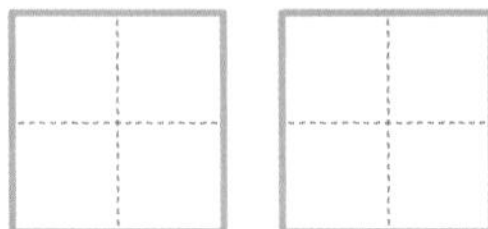

1 つぎの―せんの漢字(かんじ)の**よみがな**を（　）の中にかきなさい。

/10

① ポケットに　手(　)を　入(　)れる。
② 入(　)学(がく)しきで　立(　)ち上(　)がる。
③ 早(　)おきして　いえを　出(　)る。
④ 正(　)しい　こたえを　見(　)つける。
⑤ 王(　)が　おしろの　中(　)に　入(　)った。

2 つぎの漢字(かんじ)の**ふとい**ところは**なんばんめ**にかきますか。**数字**(すうじ)を〇の中にかきなさい。

/4

① 早……〇
② 立……〇
③ 男……〇
④ 正……〇

10/26日目

べんきょうの漢字（学校字）

学

8画

よみ：ガク、まな（ぶ）

ぶしゅ：子　ぶしゅめい：こ

ひつじゅん：学

校

10画

よみ：コウ

ぶしゅ：木　ぶしゅめい：きへん

ひつじゅん：校

字

6画

よみ：ジ、あざ㊥

ぶしゅ：子　ぶしゅめい：こ

ひつじゅん：字

れんしゅうしよう！

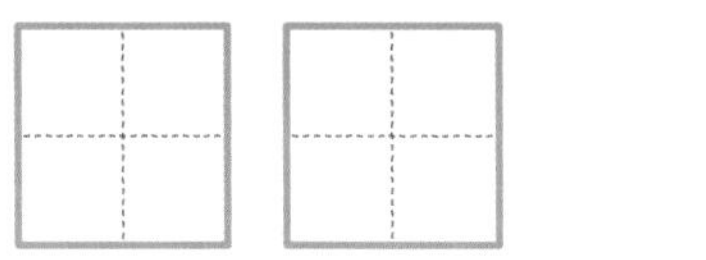

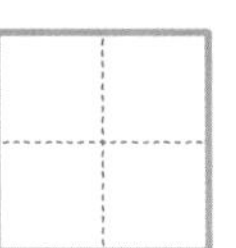

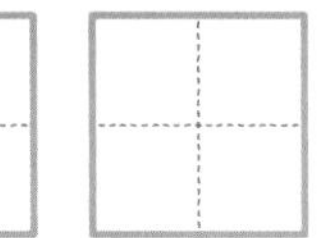

1

つぎの―せんの**漢字**(かんじ)の**よみがな**を（　）の中にかきなさい。

/10

① なつ休みに　学校へ　いった。

② 休みじかんに　漢字(かん)を　おぼえる。

③ あたらしい　校しゃで　学ぶ。

④ 立ちどまって　足ぶみを　した。

⑤ 生たまごを　ふくろから　出す。

2

つぎの□の中に**漢字**(かんじ)を　かきなさい。

/6

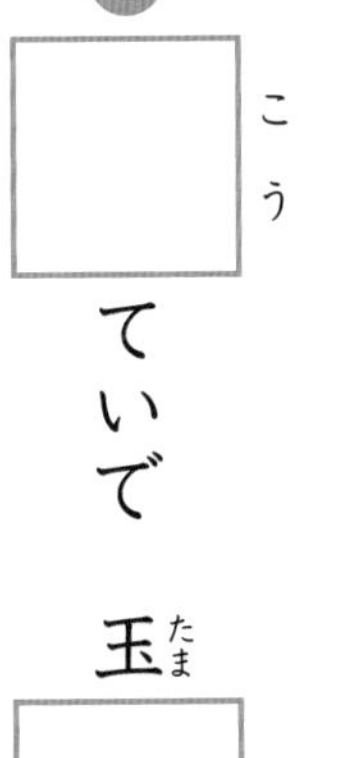

① □(こう)ていで　玉(たま)□(い)れを　した。

② □(め)のまえの　お□(とし)よりに　はなしかけた。

③ □□(にゅうがく)しきで　だん上に　□(た)つ。

5週(しゅう)目(め)

ここにシールをはろう！

解答(かいとう)（こたえ）は別冊(べっさつ)9ページ

10 27日目

べんきょうの漢字（先文名）

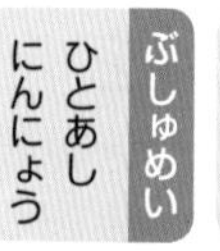

先

6画

よみ：セン、さき

ぶしゅ：儿

ぶしゅめい：ひとあし、にんにょう

ひつじゅん

れんしゅうしよう！

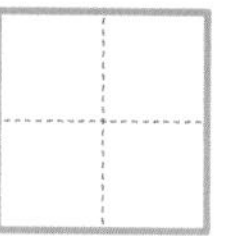
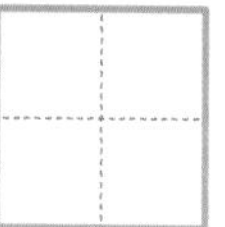

文

4画

よみ：ブン、モン、ふみ㊥

ぶしゅ：文

ぶしゅめい：ぶん

ひつじゅん

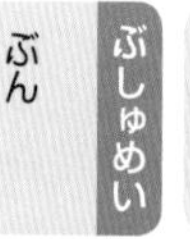

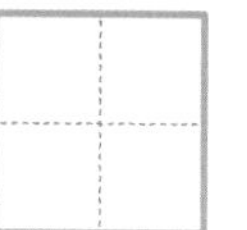
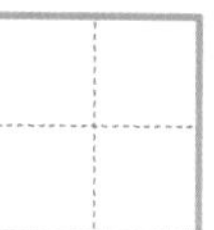

名

6画

よみ：メイ、ミョウ、な

ぶしゅ：口

ぶしゅめい：くち

ひつじゅん

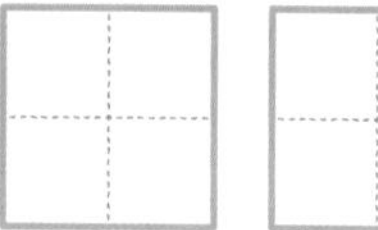

れんしゅうもんだい

1

つぎの—せんの漢字(かんじ)のよみがなを（　）の中にかきなさい。

/10

❶ 子ねこに　名まえを　つける。

❷ 先生は　なわとびの　名人だ。

❸ 先しゅうの　休みは　はれだった。

❹ 正しい　字で　文しょうを　かく。

❺ いつもより　五ふん　早く　つく。

2

つぎの□の中に漢字(かんじ)を　かきなさい。

/5

❶ □(ぶん)……え

❷ □(た)つ……すわる

❸ □(い)れる……出す

❹ □(み)る……きく

❺ □(さ)がる……上がる

解答(かいとう)（こたえ）は別冊(べっさつ)9ページ

10月28日目

くらし・ばしょの漢字(かんじ)（村町田）

村

7画(かく)

よみ：ソン　むら

ぶしゅ：木　ぶしゅめい：きへん

ひつじゅん

れんしゅうしよう！

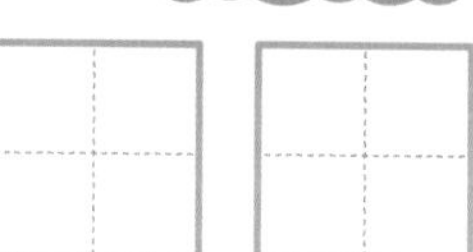

町

7画

よみ：チョウ　まち

ぶしゅ：田　ぶしゅめい：たへん

ひつじゅん

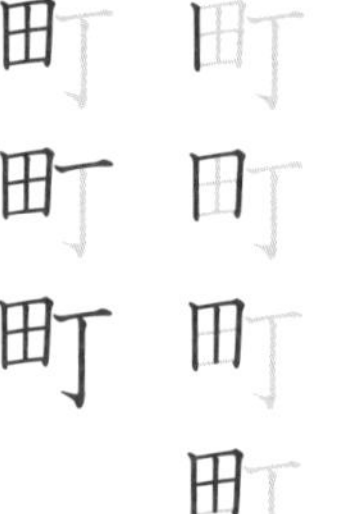

田

5画

よみ：デン　た

ぶしゅ：田　ぶしゅめい：た

ひつじゅん

1 つぎの―せんの**漢字**（かんじ）の**よみがな**を（　）の中にかきなさい。

/10

1. この　村（　）で　生（　）まれた。
2. 田（　）うえを　見（　）る。
3. いちまるが　漢字（かんじ）（　）を　学（　）ぶ。
4. となり町（　）の　やくしょに　入（　）った。
5. 村（　）まつりの　かんそう文（　）を　かく。

2 つぎの□の中に**漢字**（かんじ）をかきなさい。

/6

1. □（な）まえを　□（ぶん）の　おわりに　かく。
2. □□（せんせい）は　□（ゆう）がたに　かえった。
3. □（まち）はずれに　ある　ベンチで　□（やす）んだ。

ここにシールをはろう！

解答（かいとう）（こたえ）は別冊（べっさつ）9ページ

29日目 もの・どうぐの漢字(かんじ)（玉糸車本）

玉

よみ
ギョク
たま

5画(かく)

ぶしゅ 玉
ぶしゅめい たま

ひつじゅん

れんしゅうしよう！

糸

よみ
シ
いと

6画

ぶしゅ 糸
ぶしゅめい いと

ひつじゅん

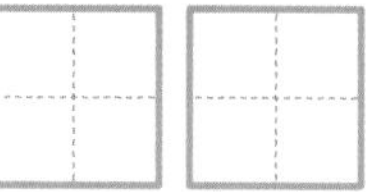

車

よみ
シャ
くるま

7画

ぶしゅ 車
ぶしゅめい くるま

ひつじゅん

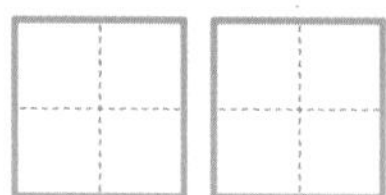

本

よみ
ホン
もと

5画

ぶしゅ 木
ぶしゅめい き

ひつじゅん

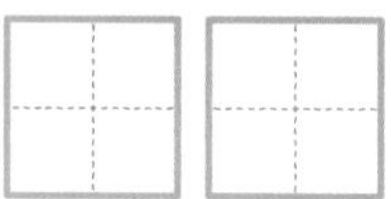

1 つぎの―せんの**漢字（かんじ）のよみがな**を（　）の中にかきなさい。

/10

1 けん玉の（　）糸を（　）ながく　する。

2 でん車が（　）早く（　）ついた。

3 となり村で（　）本を（　）かりた。

4 車に（　）のって　田んぼに（　）むかう。

5 町には（　）二本の（　）みちが　ある。

2 つぎの―せんの**漢字（かんじ）のよみがな**を（　）の中にかきなさい。

/6

1
㋐ ここが　れつの　先（　）とうだ。
㋑ えだの　先（　）に　とりが　いる。

2
㋐ お正月（　）は　もうすぐだ。
㋑ 正（　）しい　文を　かく。

3
㋐ 一りん車（　）を　こいで　すすむ。
㋑ 車（　）いすを　ゆっくり　おす。

5週目（しゅうめ）

10 ここにシールをはろう！

解答（かいとう）（こたえ）は別冊（べっさつ）10ページ

30日目 ふくしゅうもんだい

1 つぎの**漢字**(かんじ)の**よみがなで**正しいほうの**ばんごう**に○をつけなさい。 ／4

① 先生
1 せんせい
2 せんせえ

② 空中
1 くうちゆう
2 くうちゅう

③ 左右
1 さいう
2 さゆう

④ 名月
1 めいげつ
2 めえげつ

2 つぎの□の中に**漢字**(かんじ)をかきなさい。 ／6

① □(むら)を　ながれる□(かわ)で水あそびを　する。

② お□□(としだま)で　じてん□(しゃ)を　かった。

③ さく□(ぶん)の□(じ)を　ほめられた。

3

つぎの漢字(かんじ)のふといところはなんばんめにかきますか。○の中に数字(すうじ)をかきなさい。

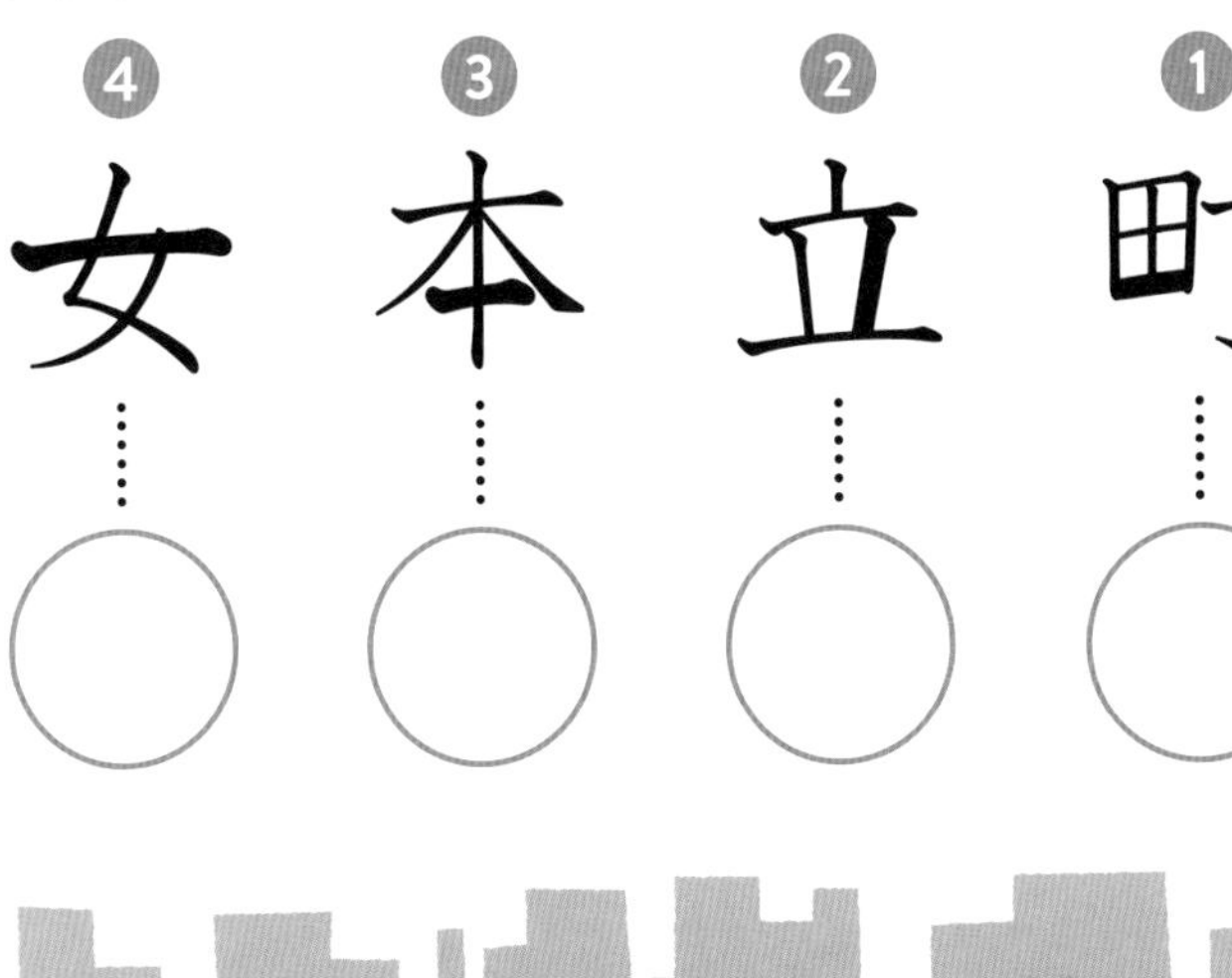

4

つぎの□の中に漢字(かんじ)をかきなさい。

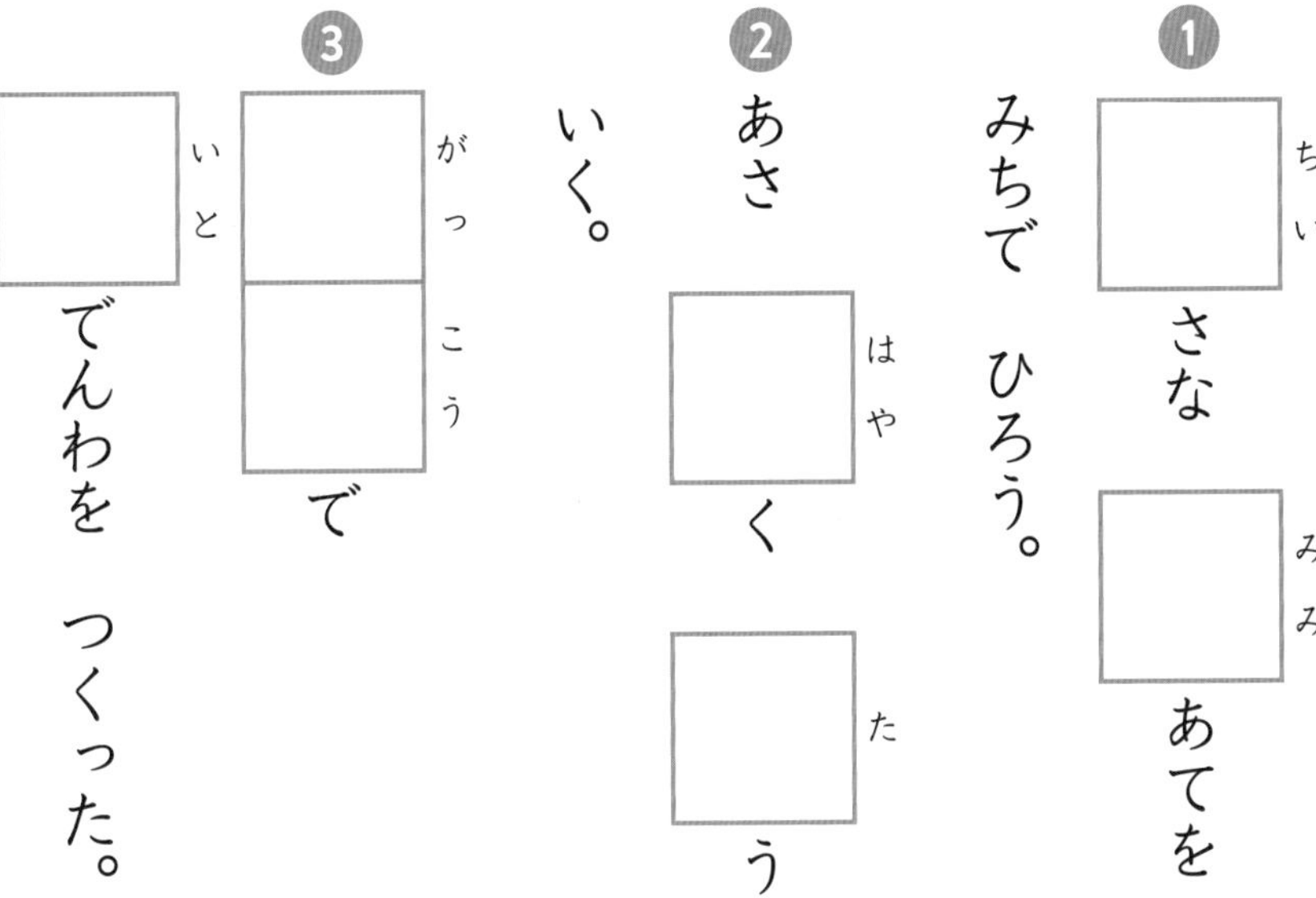

① □(ちい)さな □(みみ)あてを みちで ひろう。

② あさ □(はや)く □(た)うえに いく。

③ □□(がっこう)で □(いと)でんわを つくった。

/6

5週目(しゅうめ)

ここにシールをはろう！

解答(かいとう)（こたえ）は別冊(べっさつ)10ページ

おうちのかたへ 「漢検」受検の際の注意点

【字の書き方】

問題の答えは楷書で大きくはっきり書きなさい。乱雑な字や続け字、また、行書体や草書体のようにくずした字は採点の対象とはしません。

特に漢字の書き取り問題では、答えの文字は教科書体をもとにして、はねるところ、とめるところなどもはっきり書きましょう。また、画数に注意して、一画一画を正しく、明確に書きなさい。

《例》

○熱 ×[illegible]
○言 ×[illegible]
○糸 ×[illegible]

【字種・字体について】

(1) 日本漢字能力検定2～10級においては、「常用漢字表」に示された字種で書きなさい。つまり、表外漢字（常用漢字表にない漢字）を用いると、正答とは認められません。

《例》

○交差点 ×交叉点 （「叉」が表外漢字）
○寂しい ×淋しい （「淋」が表外漢字）

(2) 日本漢字能力検定2～10級においては、「常用漢字表」に示された字体で書きなさい。なお、「常用漢字表」に参考として示されている康熙（こうき）字典体など、旧字体と呼ばれているものを用いると、正答とは認められません。

《例》

○真 ×眞
○渉 ×渉
○飲 ×飮
○迫 ×迫
○弱 ×弱

(3) 一部例外として、平成22年告示「常用漢字表」で追加された字種で、許容字体として認められているものや、その筆写文字と印刷文字との差が習慣の相違に基づくとみなせるものは正答と認めます。

《例》

餌 → 餌 と書いても可
遜 → 遜 と書いても可
葛 → 葛 と書いても可
溺 → 溺 と書いても可
箸 → 箸 と書いても可

注意

(3)において、どの漢字が当てはまるかなど、一字一字については、当協会発行図書（2級対応のもの）掲載の漢字表で確認してください。

テストにチャレンジ！

いままでの 学習の 総まとめを して みましょう。

検定を うける ときに 気を つける ことを 記しました。
これを よんでから じっさいの 検定の つもりで
もんだいを といて ください。

- 10級の 検定じかんは 40ぷんです。
  あいずが あるまで はじめては いけません。
- 10級の 検定の もんだい用紙は 2まい
  （おもてと うらで 4ページ） あります。
  2まい目の うらまで わすれずに やりましょう。
  ※ この本では 80 〜 85 の 6ページ あります。
- もんだい用紙と とうあん用紙は べつべつに
  なって いません。こたえは すべて もんだい用紙に
  そのまま かきこんで ください。
- こたえは えんぴつで はっきり ていねいに かきましょう。
- まちがった ところは けしゴムで
  きれいに けしてから かきなおしましょう。

テストの見方

「テストにチャレンジ！」は、
段ごとに 右ページから
左ページへ つづけて
見てください。

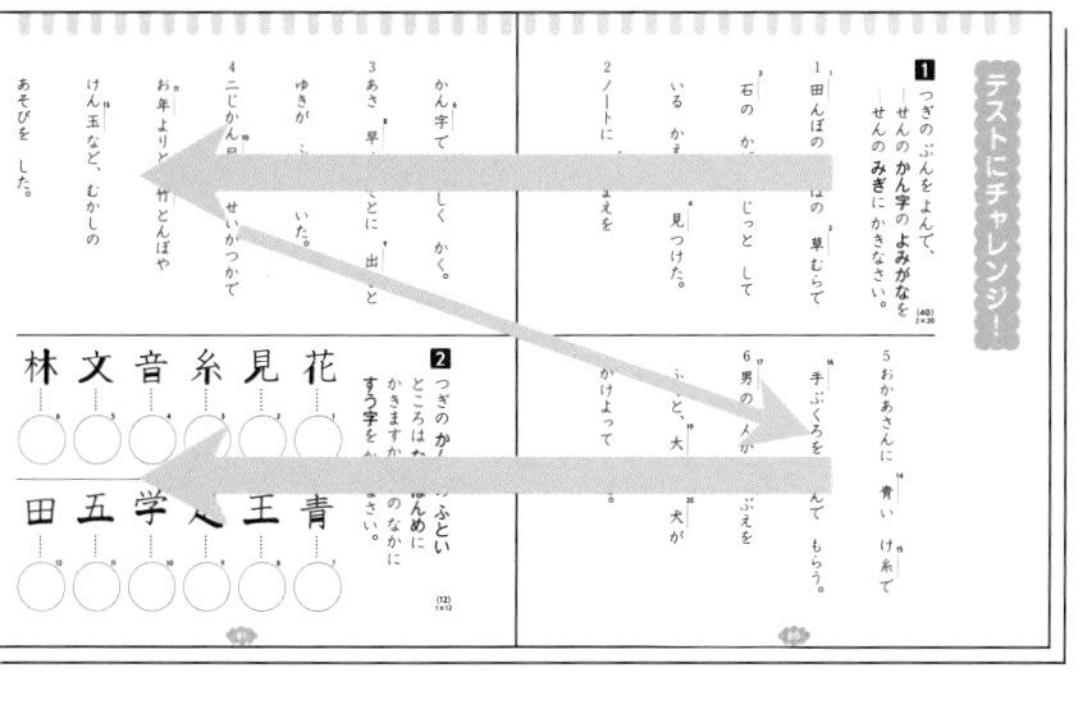

テストにチャレンジ！

1 つぎの ぶんを よんで、—せんの **かん字**の **よみがな**を —せんの **みぎ**に かきなさい。 (40) 2×20

1 田[1]んぼの そばの 草[2]むらで 石[3]の かげに じっと して いる かえるを 見[4]つけた。

2 ノートに 名[5]まえを

5 おかあさんに 青[14]い け糸[15]で 手[16]ぶくろを あんで もらう。

6 男[17]の 人が 口[18]ぶえを ふくと、大[19]きな 犬[20]が かけよって きた。

かん字[6]で　正[7]しく　かく。

3 あさ　早[8]く　そとに　出[9]ると

ゆきが　ふって　いた。

4 二じかん目[10]の　せいかつかで

お年[11]よりと　竹[12]とんぼや

けん玉[13]など、むかしの

あそびを　した。

---

2 つぎの **かん字**の **ふとい** ところは **なんばんめ**に かきますか。〇の なかに **すう字**を かきなさい。

(12) 1×12

花	見	糸	音	文	林
1 〇	2 〇	3 〇	4 〇	5 〇	6 〇

青	王	足	学	五	田
7 〇	8 〇	9 〇	10 〇	11 〇	12 〇

3 つぎの ぶんを よんで、―せんの **かん字**の **よみがな**を ―せんの **みぎ**に かきなさい。 (16) 2×8

しずかな へやで 音[1]がくを きく。
ドアを たたく 音[2]が した。

えん足[3]で ふねに のった。
ころんで 足[4]を すりむいた。

4 つぎの **ことば**の **よみがなで** ただしい ほうの **ばんごう**に ○を つけなさい。 (10) 2×5

日本 1
1 につぽん
2 にっぽん

王子 2
1 おうじ
2 おおじ

百円 3
1 ひやくえん
2 ひゃくえん

名犬 4
1 めえけん
2 めいけん

九さい 5
1 きゅうさい
2 きゆうさい

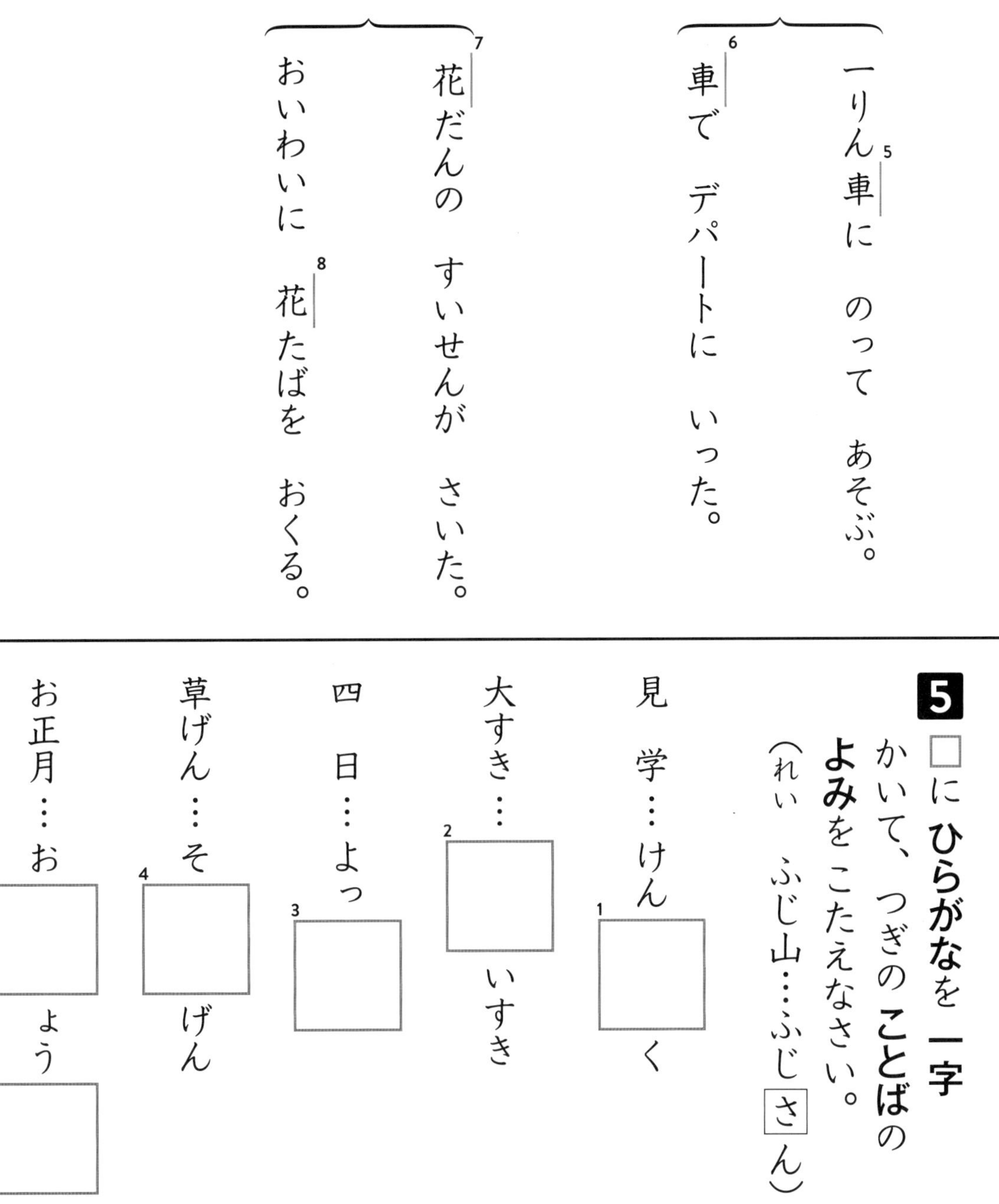

一りん車[5]に　のって　あそぶ。
車[6]で　デパートに　いった。

花[7]だんの　すいせんが　さいた。
おいわいに　花[8]たばを　おくる。

---

5 □に **ひらがな**を **一字** かいて、つぎの **ことば**の **よみ**を こたえなさい。（12）2×6

（れい　ふじ山…ふじ［さ］ん）

見　学…けん［1　］く

大すき…［2　］いすき

四　日…よっ［3　］

草げん…そ［4　］げん

お正月…お［5　］よう［6　］つ

6 つぎの□のなかに**かん字**をかきなさい。

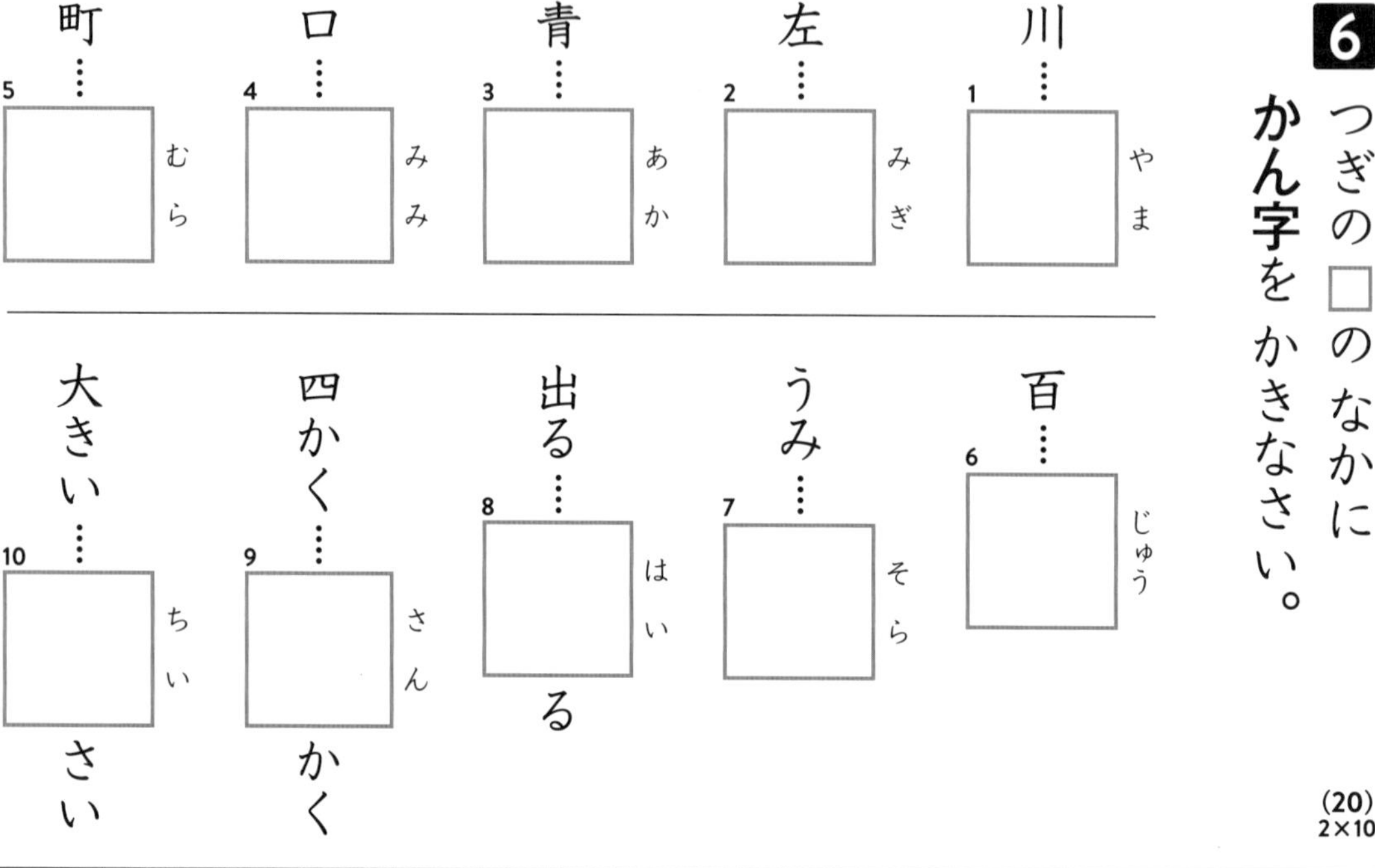

(20)
2×10

1. 川……□（やま）
2. 左……□（みぎ）
3. 青……□（あか）
4. 口……□（みみ）
5. 町……□（むら）

6. 百……□（じゅう）
7. うみ……□（そら）
8. 出る……□（はい）る
9. 四かく……□（さん）かく
10. 大きい……□（ちい）さい

---

3 ひる 7□（やす）みに 8□（こう）ていで 9□（せん）10□（せい）も いっしょに ゆきがっせんを した。

4 あさの 11□（てん）12□（き）よほうで 13□（ゆう）がたから 14□（あめ）が ふると いって いた。

7 つぎの ぶんを よんで、□の なかに **かん字**を かきなさい。(40) 2×20

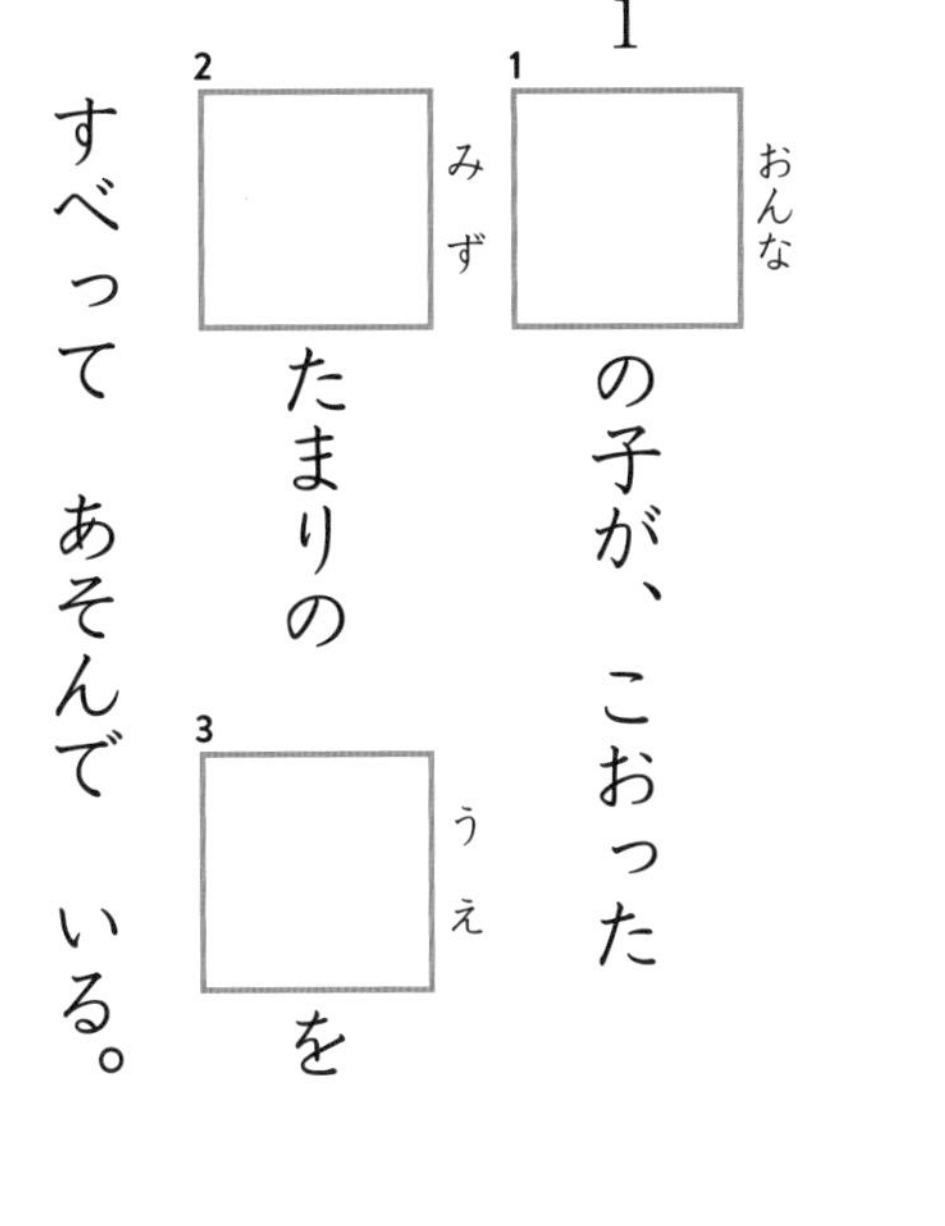

1 [1]（おんな）の子が、こおった [2]（みず）たまりの [3]（うえ）を すべって あそんで いる。

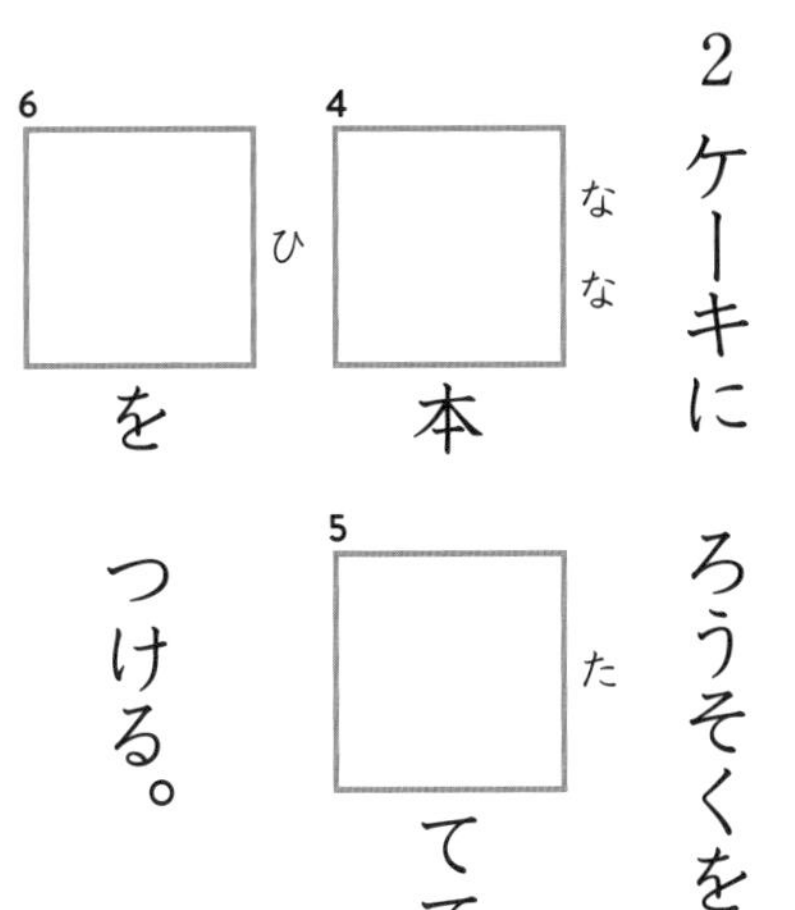

2 ケーキに ろうそくを [4]（なな）本 [5]（た）てて [6]（ひ）を つける。

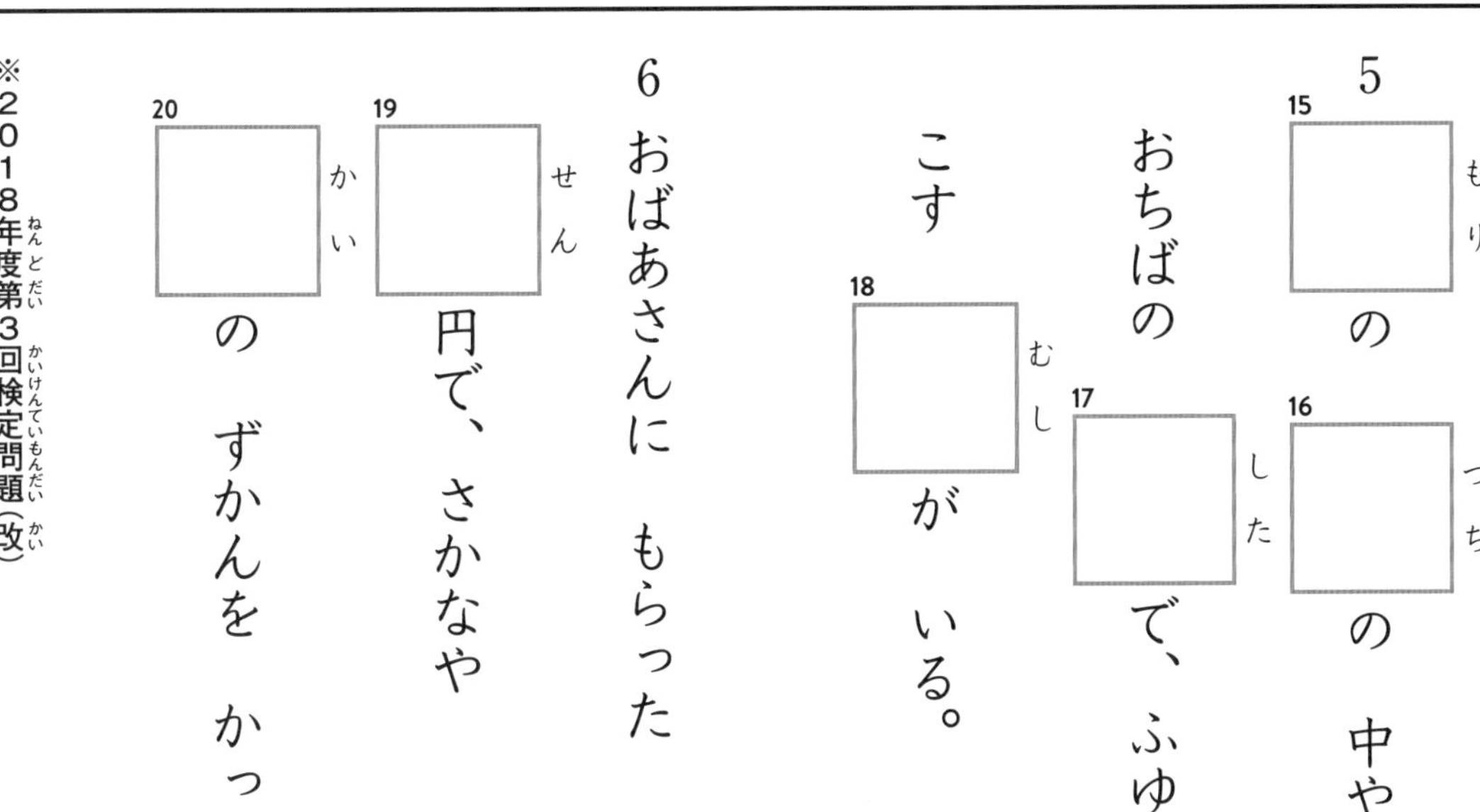

5 [15]（もり）の [16]（つち）の 中や [17]（した）で、ふゆを こす [18]（むし）が いる。

6 おばあさんに もらった [19]（せん）円で、さかなや [20]（かい）の ずかんを かった。

※2018年度第3回検定問題(改)

／150

解答(こたえ)は別冊14、15ページ

部首一覧表

表の上には部首を画数順に配列し、下には漢字の中で占める位置によって形が変化するものや特別な名称を持つものを示す。

偏…　旁…　冠…　脚…　垂…　繞…　構…

番号	部首	字形	位置	名称
一画				
1	【一】	一		いち
2	【丨】	丨		ぼう たてぼう
3	【丶】	丶		てん
4	【丿】	丿		の はらいぼう
5	【乙】	乙		おつ
		乚	旁	おつ
6	【亅】	亅		はねぼう
二画				
7	【二】	二		に
8	【亠】	亠	冠	なべぶた けいさんかんむり
9	【人】	人		ひと
		亻	偏	にんべん
		𠆢	冠	ひとやね
10	【入】	入		いる
11	【儿】	儿		ひとあし にんにょう
12	【八】	八		はち
		ハ	脚	は
13	【冂】	冂	構	どうがまえ けいがまえ まきがまえ
14	【冖】	冖	冠	わかんむり
15	【冫】	冫		にすい
16	【几】	几		つくえ
17	【凵】	凵		うけばこ
18	【刀】	刀		かたな
		刂	旁	りっとう
19	【力】	力		ちから
20	【勹】	勹	構	つつみがまえ
21	【匕】	匕		ひ
22	【匚】	匚	構	はこがまえ
23	【匸】	匸	構	かくしがまえ
24	【十】	十		じゅう
25	【卜】	卜		と うらない
26	【卩】	卩		わりふ ふしづくり
26	【卩】	㔾		わりふ ふしづくり
27	【厂】	厂	垂	がんだれ
28	【厶】	厶		む
29	【又】	又		また
三画				
30	【口】	口		くち
		口	偏	くちへん
31	【囗】	囗	構	くにがまえ
32	【土】	土		つち
		土	偏	つちへん
33	【士】	士		さむらい
34	【夂】	夂	脚	すいにょう ふゆがしら
35	【夕】	夕		た ゆうべ
36	【大】	大		だい
37	【女】	女		おんな
		女	偏	おんなへん
38	【子】	子		こ
38	【子】	子	偏	こへん
39	【宀】	宀	冠	うかんむり
40	【寸】	寸		すん
41	【小】	小		しょう
		⺌	冠	しょう
42	【尢】	尢		だいのまげあし
43	【尸】	尸	垂	かばね しかばね
44	【屮】	屮		てつ
45	【山】	山		やま
		山	偏	やまへん
46	【川】	川		かわ
		巛	旁	かわ
47	【工】	工		え たくみ
		工	偏	たくみへん
48	【己】	己		おのれ
49	【巾】	巾		はば
		巾	偏	はばへん きんべん

番号	部首	形	名称
50	【干】	干	かん・いちじゅう
51	【幺】	幺	よう・いとがしら
52	【广】	广	まだれ
53	【廴】	廴	えんにょう
54	【廾】	廾	こまぬき・にじゅうあし
55	【弋】	弋	しきがまえ
56	【弓】	弓	ゆみ
		弓	ゆみへん
57	【彐】	彑	けいがしら
58	【彡】	彡	さんづくり
59	【彳】	彳	ぎょうにんべん
60	【⺍】	⺍	つかんむり

忄↓心　扌↓手　氵↓水　犭↓犬　艹↓艸　辶↓辵　阝(旁)↓邑　阝(偏)↓阜

四画

番号	部首	形	名称
61	【心】	心	こころ
		忄	りっしんべん
		⺗	したごころ
62	【戈】	戈	ほこづくり・ほこがまえ
63	【戸】	戸	と
		戸	とだれ・とかんむり
64	【手】	手	て
		扌	てへん
65	【支】	支	し
66	【攴】	攵	のぶん・ぼくづくり
67	【文】	文	ぶん
68	【斗】	斗	とます
69	【斤】	斤	きん
		斤	おのづくり
70	【方】	方	ほう
		方	ほうへん・かたへん
71	【日】	日	ひ
		日	ひへん
72	【曰】	曰	ひらび・いわく
73	【月】	月	つき
		月	つきへん
74	【木】	木	き
		木	きへん
75	【欠】	欠	あくび・かける
76	【止】	止	とめる
77	【歹】	歹	かばねへん・いちたへん・がつへん
78	【殳】	殳	るまた・ほこづくり
79	【毋】	毋	なかれ
80	【比】	比	ならびひ・くらべる
81	【毛】	毛	け
82	【氏】	氏	うじ
83	【气】	气	きがまえ
84	【水】	水	みず
		氵	さんずい
		氺	したみず
85	【火】	火	ひ
		火	ひへん
		灬	れんが・れっか
86	【爪】	爪	つめ
		爫	つめかんむり・つめがしら
87	【父】	父	ちち
88	【片】	片	かた
		片	かたへん
89	【牙】	牙	きば
90	【牛】	牛	うし
		牛	うしへん
91	【犬】	犬	いぬ
		犭	けものへん

王・⺩↓玉　礻↓示　耂↓老　辶↓辵

五画

番号	部首	形	名称
92	【玄】	玄	げん
93	【玉】	玉	たま
		王	おう
		⺩	おうへん・たまへん
94	【瓦】	瓦	かわら
95	【甘】	甘	かん・あまい
96	【生】	生	うまれる
97	【用】	用	もちいる
98	【田】	田	た
		田	たへん
99	【疋】	疋	ひき

番号	部首	字形	名前
99	【⻊】	⻊	ひきへん
100	【疒】	疒	やまいだれ
101	【癶】	癶	はつがしら
102	【白】	白	しろ
103	【皮】	皮	けがわ
104	【皿】	皿	さら
105	【目】	目	め
		目	めへん
106	【矛】	矛	ほこ
107	【矢】	矢	や
		矢	やへん
108	【旡】	旡	なし ぶ すでのつくり
109	【石】	石	いし
		石	いしへん
110	【示】	示	しめす
		礻	しめすへん
111	【禾】	禾	のぎ
		禾	のぎへん
112	【穴】	穴	あな
		穴	あなかんむり
113	【立】	立	たつ
		立	たつへん
		氺 ↓ 水	
		衤 ↓ 衣	
		罒 ↓ 网	

六画

番号	部首	字形	名前
114	【竹】	竹	たけ
		⺮	たけかんむり
115	【米】	米	こめ
		米	こめへん
116	【糸】	糸	いと
		糸	いとへん
117	【缶】	缶	ほとぎ
118	【网】	罒	あみがしら あみめ よこめ
119	【羊】	羊	ひつじ
120	【羽】	羽	はね
121	【老】	耂	おいかんむり おいがしら
122	【而】	而	しかして しこうして
123	【耒】	耒	すきへん らいすき
124	【耳】	耳	みみ
		耳	みみへん
125	【聿】	聿	ふでづくり
126	【肉】	肉	にく
		月	にくづき
127	【自】	自	みずから
128	【至】	至	いたる
129	【臼】	臼	うす
130	【舌】	舌	した
131	【舟】	舟	ふね
		舟	ふねへん
132	【艮】	艮	ねづくり こんづくり
133	【色】	色	いろ
134	【艸】	艹	くさかんむり
135	【虍】	虍	とらがしら とらかんむり
136	【虫】	虫	むし
		虫	むしへん
137	【血】	血	ち
138	【行】	行	ぎょう
		行	ぎょうがまえ ゆきがまえ
139	【衣】	衣	ころも
		衤	ころもへん
140	【西】	西	にし
		覀	おおいかんむり

七画

番号	部首	字形	名前
141	【見】	見	みる
142	【臣】	臣	しん
143	【角】	角	かく つの
		角	つのへん
144	【言】	言	げん
		言	ごんべん
145	【谷】	谷	たに
146	【豆】	豆	まめ
147	【豕】	豕	ぶた いのこ
148	【豸】	豸	むじなへん
149	【貝】	貝	かい こがい
		貝	かいへん
150	【赤】	赤	あか
151	【走】	走	はしる

番号	部首	字形	名称
151	【走】	走	そうにょう
152	【足】	足	あし
		𧾷	あしへん
153	【身】	身	み
154	【車】	車	くるま
		車	くるまへん
155	【辛】	辛	からい
156	【辰】	辰	しんのたつ
157	【辵】	辶	しんにょう しんにゅう
		辶	しんにょう しんにゅう
158	【邑】	阝	おおざと
159	【酉】	酉	ひよみのとり
		酉	とりへん
160	【釆】	釆	のごめ
		釆	のごめへん
161	【里】	里	さと
		里	さとへん
162	【舛】	舛	まいあし
163	【麦】	麦	むぎ
		麦	ばくにょう
八画			
164	【金】	金	かね
		金	かねへん
165	【長】	長	ながい
166	【門】	門	もん
		門	もんがまえ
167	【阜】	阜	おか
		阝	こざとへん
168	【隶】	隶	れいづくり
169	【隹】	隹	ふるとり
170	【雨】	雨	あめ
		⻗	あめかんむり
171	【青】	青	あお
172	【非】	非	あらず ひ
173	【斉】	斉	せい
九画			
174	【面】	面	めん
175	【革】	革	かくのかわ つくりがわ
		革	かわへん
176	【音】	音	おと
177	【頁】	頁	おおがい
178	【風】	風	かぜ
179	【飛】	飛	とぶ
180	【食】	食	しょく
		飠	しょくへん
		飠	しょくへん
181	【首】	首	くび
182	【香】	香	か かおり
十画			
183	【馬】	馬	うま
		馬	うまへん
184	【骨】	骨	ほね
		骨	ほねへん
185	【高】	高	たかい
186	【髟】	髟	かみがしら
187	【鬯】	鬯	ちょう
188	【鬼】	鬼	おに
		鬼	きにょう
189	【韋】	韋	なめしがわ
190	【竜】	竜	りゅう
十一画			
191	【魚】	魚	うお
		魚	うおへん
192	【鳥】	鳥	とり
193	【鹿】	鹿	しか
194	【麻】	麻	あさ
195	【黄】	黄	き
196	【黒】	黒	くろ
197	【亀】	亀	かめ
十二画			
198	【歯】	歯	は
		歯	はへん
十三画			
199	【鼓】	鼓	つづみ
十四画			
200	【鼻】	鼻	はな

※注「辶」については「遡・遜」のみに適用。「飠」については「餌・餅」のみに適用。

漢字一覧表

小学校1年生、2年生、3年生で習う漢字を五十音順にならべました。

小学校1年生（10級）

イ一 ウ右 雨 エ円
オ王 音 カ下 火
花 貝 学 キ気
九 休 玉 金
ク空 ケ月 犬 見
コ五 口 校 サ左
三 山 シ子 四

糸 字 耳 七
車 手 十 出
女 小 上 森
人 ス水 セ正 生
青 夕 石 赤
千 川 先 ソ早
草 足 村 タ大

男 チ竹 中 虫
町 テ天 田 ト土
ニ二 日 入 ネ年
ハ白 八 ヒ百 フ文
ホ木 本 メ名 モ目
リ立 力 林 ロ六

小学校2年生（9級）

イ引 ウ羽 エ雲園遠 カ何科夏家
歌画回会海絵外角楽
活間丸岩顔 キ汽記帰弓
牛魚京強教近 ケ兄形計
元言原 コ戸古午後語工
公広交光考行高黄合
谷国黒今 サ才細作算 シ止
市矢姉思紙寺自時室
社弱首秋週春書少場

色食心新親 ス図数 セ西声
星晴切雪船線前 ソ組走
タ多太体台 チ地池知茶昼
長鳥朝直 ツ通 テ弟店点電
ト刀冬当東答頭同道読
ナ内南 ニ肉 ハ馬売買麦半番
フ父風分聞 ヘ米 ホ歩母方北
マ毎妹万 メ明鳴 モ毛門 ヤ夜野
ユ友 ヨ用曜 ラ来 リ里理 ワ話

小学校3年生（8級）

ア 悪安暗　イ 医委意育員院飲
ウ 運　エ 泳駅　オ 央横屋温　カ 化荷界
開階寒感漢館岸　キ 起期客
究急級宮球去橋業曲局
銀　ク 区苦具君　ケ 係軽血決研
県　コ 庫湖向幸港号根　サ 祭皿
シ 仕死使始指歯詩次事持
式実写者主守取酒受州
拾終習集住重宿所暑助
昭消商章勝乗植申身神

真深進　セ 世整昔全相　ソ 送想
息速族　タ 他打対待代第題
炭短談　チ 着注柱丁帳調　ツ 追
テ 定庭笛鉄転　ト 都度投豆島
湯登等動童　ノ 農　ハ 波配倍箱
畑発反坂板　ヒ 皮悲美鼻筆
氷表秒病品　フ 負部服福物
ヘ 平返勉　ホ 放　ミ 味　メ 命面　モ 問　ヤ 役薬
ユ 由油有遊　ヨ 予羊洋葉陽様
ラ 落　リ 流旅両緑　レ 礼列練　ロ 路　ワ 和

二とおりの読み／注意すべき読み

↓のようにも読める。

二とおりの読み

語	読み		別の読み
遺言	ユイゴン	↓	イゴン
奥義	オウギ	↓	おくギ
堪能	カンノウ	↓	タンノウ
吉日	キチジツ	↓	キツジツ
兄弟	キョウダイ	↓	ケイテイ
甲板	カンパン	↓	コウハン
合点	ガッテン	↓	ガテン
昆布	コンブ	↓	コブ
紺屋	コンや	↓	コウや
詩歌	シカ	↓	シイカ
七日	なのか	↓	なぬか
老若	ロウニャク	↓	ロウジャク
寂然	セキゼン	↓	ジャクネン
法主	ホッス	↓	ホウシュ ホッシュ
十	ジッ	↓	ジュッ
情緒	ジョウチョ	↓	ジョウショ
憧憬	ショウケイ	↓	ドウケイ
人数	ニンズ	↓	ニンズウ
寄贈	キソウ	↓	キゾウ

注意すべき読み

語	読み		別の読み
側	がわ	↓	かわ
唾	つば	↓	つばき
愛着	アイジャク	↓	アイチャク
執着	シュウジャク	↓	シュウチャク
貼付	チョウフ	↓	テンプ
難しい	むずかしい	↓	むつかしい
分泌	ブンピツ	↓	ブンピ
富貴	フウキ	↓	フッキ
文字	モンジ	↓	モジ
大望	タイモウ	↓	タイボウ
頬	ほお	↓	ほほ
末子	バッシ	↓	マッシ
末弟	バッテイ	↓	マッテイ
免れる	まぬかれる	↓	まぬがれる
妄言	ボウゲン	↓	モウゲン
面目	メンボク	↓	メンモク
問屋	とんや	↓	といや
礼拝	ライハイ	↓	レイハイ

語	読み
三位一体	サンミイッタイ
従三位	ジュサンミ

「常用漢字表」（平成22年）本表備考欄による。

語	読み
一羽	イチわ
三羽	サンば
六羽	ロッぱ
春雨	はるさめ
小雨	こさめ
霧雨	きりさめ
因縁	インネン
親王	シンノウ
勤王	キンノウ
反応	ハンノウ
順応	ジュンノウ
観音	カンノン
安穏	アンノン
天皇	テンノウ
身上	シンショウ シンジョウ （読み方により意味が違う）
一把	イチワ
三把	サンバ
十把	ジッ（ジュッ）パ

常用漢字表 付表（熟字訓・当て字など）

＊小・中・高：小学校・中学校・高等学校のどの時点で学習するかの割り振りを示した。
※以下に挙げられている語を構成要素の一部とする熟語に用いてもかまわない。
例「河岸（かし）」→「魚河岸（うおがし）」／「居士（こじ）」→「一言居士（いちげんこじ）」

付表1

語	読み	小	中	高
明日	あす	●		
小豆	あずき		●	
海女・海士	あま			●
硫黄	いおう		●	
意気地	いくじ		●	
田舎	いなか		●	
息吹	いぶき			●
海原	うなばら		●	
乳母	うば		●	
浮気	うわき			●
浮つく	うわつく		●	
笑顔	えがお		●	
叔父・伯父	おじ		●	
大人	おとな	●		
乙女	おとめ		●	
叔母・伯母	おば		●	
お巡りさん	おまわりさん		●	
お神酒	おみき			●
母屋 母家	おもや			●
母さん	かあさん	●		
神楽	かぐら			●
河岸	かし			●
鍛冶	かじ		●	
風邪	かぜ		●	
固唾	かたず		●	
仮名	かな		●	
蚊帳	かや			●
為替	かわせ		●	
河原・川原	かわら	●		
昨日	きのう	●		
今日	きょう	●		
果物	くだもの	●		
玄人	くろうと			●
今朝	けさ	●		
景色	けしき	●		
心地	ここち		●	
居士	こじ			●
今年	ことし	●		
早乙女	さおとめ		●	
雑魚	ざこ			●
桟敷	さじき			●
差し支える	さしつかえる		●	
五月	さつき		●	
早苗	さなえ		●	
五月雨	さみだれ		●	
時雨	しぐれ		●	
尻尾	しっぽ		●	
竹刀	しない		●	
老舗	しにせ		●	
芝生	しばふ		●	
清水	しみず	●		
三味線	しゃみせん		●	
砂利	じゃり		●	
数珠	じゅず			●
上手	じょうず	●		

付表2

白髪	しらが		●	
素人	しろうと			●
師走	しわす（しはす）			●
数寄屋 数奇屋	すきや			●
相撲	すもう		●	
草履	ぞうり		●	
山車	だし			●
太刀	たち		●	
立ち退く	たちのく		●	
七夕	たなばた	●		
足袋	たび		●	
稚児	ちご			●
一日	ついたち	●		
築山	つきやま			●
梅雨	つゆ		●	
凸凹	でこぼこ		●	
手伝う	てつだう	●		
伝馬船	てんません			●
投網	とあみ			●
父さん	とうさん	●		
十重二十重	とえはたえ			●
読経	どきょう			●
時計	とけい	●		
友達	ともだち	●		
仲人	なこうど			●
名残	なごり		●	
雪崩	なだれ		●	
兄さん	にいさん	●		
姉さん	ねえさん	●		
野良	のら			●
祝詞	のりと			●
博士	はかせ	●		
二十 二十歳	はたち		●	
二十日	はつか	●		
波止場	はとば		●	
一人	ひとり	●		
日和	ひより		●	
二人	ふたり	●		
二日	ふつか	●		
吹雪	ふぶき		●	
下手	へた	●		
部屋	へや	●		
迷子	まいご	●		
真面目	まじめ	●		
真っ赤	まっか	●		
真っ青	まっさお	●		
土産	みやげ		●	
息子	むすこ		●	
眼鏡	めがね	●		
猛者	もさ			●
紅葉	もみじ		●	
木綿	もめん		●	
最寄り	もより		●	
八百長	やおちょう			●
八百屋	やおや	●		
大和	やまと		●	
弥生	やよい		●	
浴衣	ゆかた			●
行方	ゆくえ		●	
寄席	よせ			●
若人	わこうど		●	

愛媛	えひめ	●		
茨城	いばらき	●		
岐阜	ぎふ	●		
鹿児島	かごしま	●		
滋賀	しが	●		
宮城	みやぎ	●		
神奈川	かながわ	●		
鳥取	とっとり	●		
大阪	おおさか	●		
富山	とやま	●		
大分	おおいた	●		
奈良	なら	●		

■「いちまる」キャラクターイラスト:kaorimix

いちまるとはじめよう! わくわく漢検 10級 改訂版

2024年 8月20日　第1版第5刷　発行
編　者　公益財団法人 日本漢字能力検定協会
発行者　山崎　信夫
印刷所　三松堂株式会社

発行所　公益財団法人 **日本漢字能力検定協会**
〒605-0074　京都市東山区祇園町南側551番地
☎(075)757-8600
ホームページhttps://www.kanken.or.jp/

ISBN978-4-89096-420-8　C0081
乱丁・落丁本はお取り替えいたします。

10級
いちまるとはじめよう！わくわく漢検

改訂版

＊こたえは別冊になっています。
とりはずしてつかってください。

＊こたえをとじているはり金でけがを
しないよう気をつけてください。

なまえ

漢検 公益財団法人 日本漢字能力検定協会

700420 (1-5)

れんしゅうもんだい

1週目(しゅうめ)

1日目

p.11

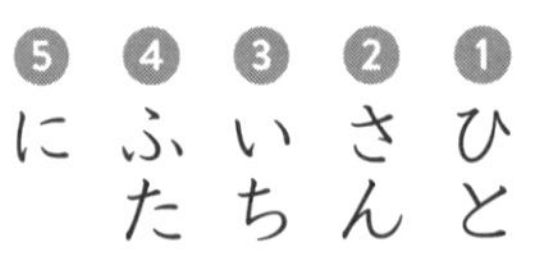

1

① ひと
② さん
③ いち
④ ふた
⑤ に

2

① 一ぴき
② 三さつ
③ 二本(ほん)

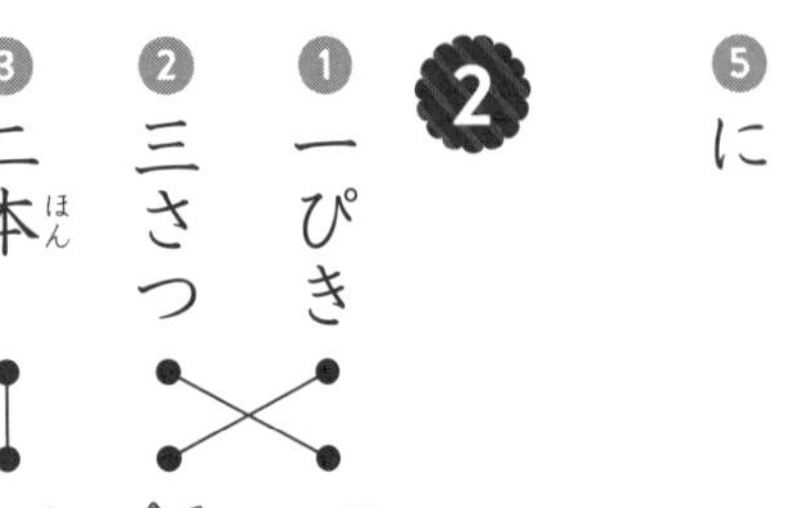

れんしゅうもんだい

2日目

p.13

1

① よ
② いつ
③ ご
④ よん
⑤ ろく

2

① 丨
② 亠
③ ア

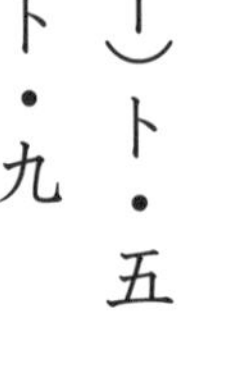

ハ　ユ　四

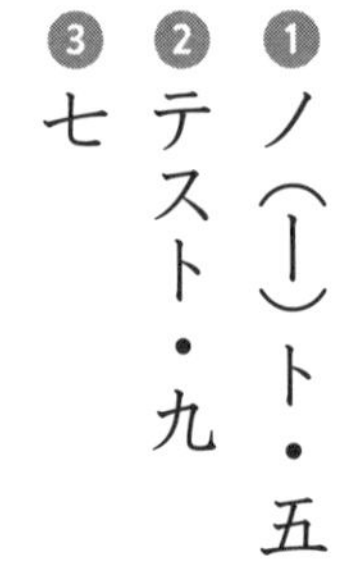

① 四
② 六
③ 五

れんしゅうもんだい

3日目

p.15

1

① なな
② きゅう
③ ここの
④ はち
⑤ なな

2

① ノ(丨)ト・五
② テスト・九
③ 七

れんしゅうもんだい

4日目

p.17

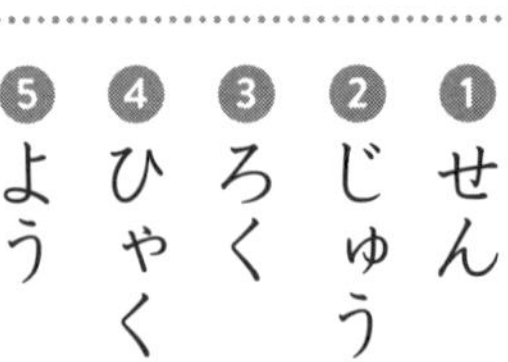

1

① せん
② じゅう
③ ろく
④ ひゃく
⑤ よう

2

① う
② い
③ あ

れんしゅうもんだい

5日目 p.19

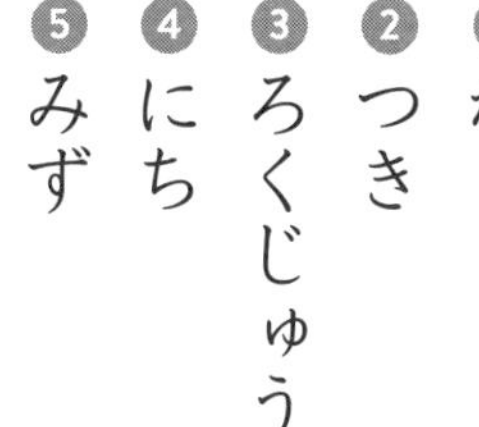
1
① か
② つき
③ ろくじゅう
④ にち
⑤ みず

2
① 十
② 火・八
③ 四・一

ふくしゅうもんだい

6日目 p.20 p.21

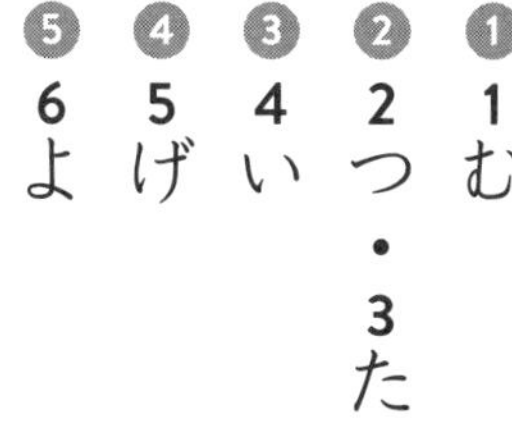
1
① 1 む
② 2 つ・3 た
③ 4 い
④ 5 げ
⑤ 6 よ

2
① 九・七
② 千
③ 十・百

3
① 4
② 4
③ 4

4
① 八
② 三・火
③ 十・二

れんしゅうもんだい

2週目（しゅうめ）

7日目 p.25

1
① きん
② とし
③ つち
④ もく
⑤ き

2
① 1 ね
② 2 ど
③ 3 み
④ 4 と
⑤ 5 ふ・6 か

れんしゅうもんだい

8日目 p.27

1
① ちい
② なか
③ ど
④ おお
⑤ かね

2
① 2
② 1
③ 1
④ 2

れんしゅうもんだい

9日目 p.29

1
① ひだり
② あ
③ した
④ みぎ
⑤ か

2
① う
② い
③ あ

れんしゅうもんだい

10日目 p.31

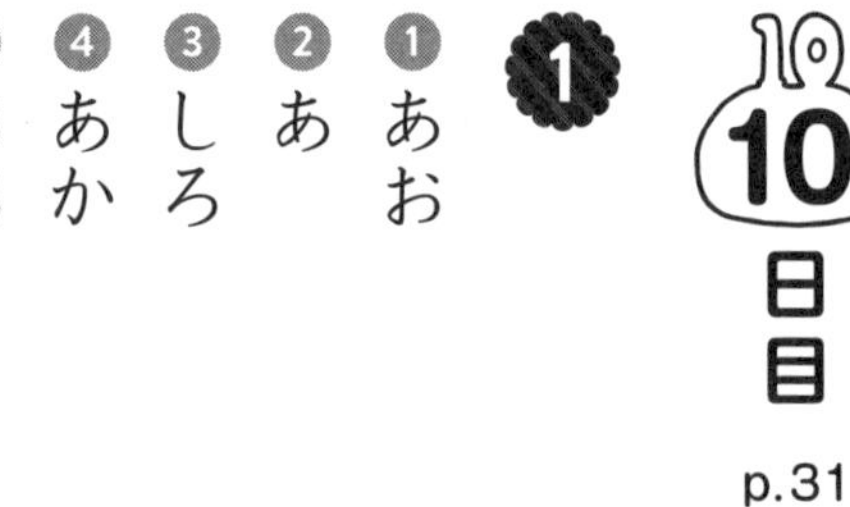

1
① あお
② あ
③ しろ
④ あか
⑤ おお

2
① 赤おに
② くつ下
③ 金ぎょ

れんしゅうもんだい

11日目 p.33

1
① うえ
② おと
③ はな
④ か
⑤ あめ

2
① 音いろ — ね / 音がく — おん
② 下じき — した / ろう下 — か / 下りる — お

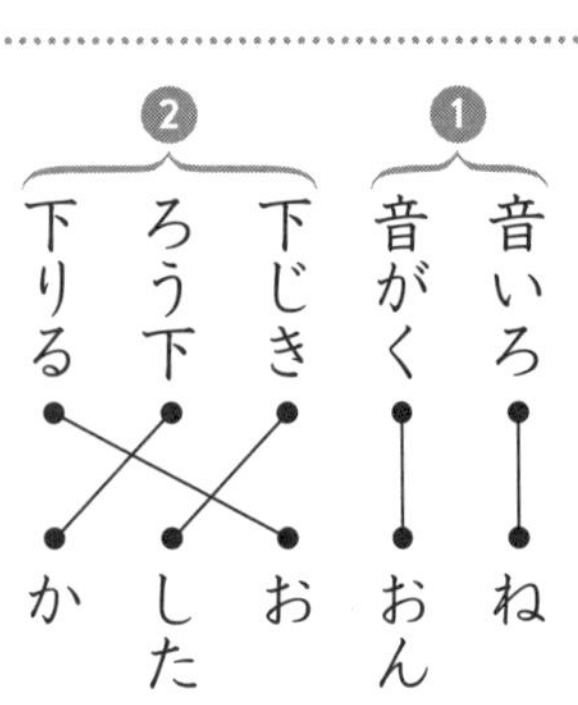

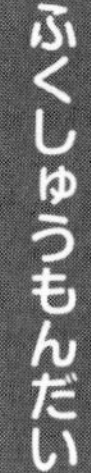

ふくしゅうもんだい

12日目

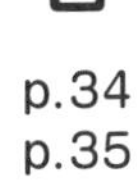

p.34
p.35

1

1 小さい
2 下
3 まる
4 ほし
5 赤

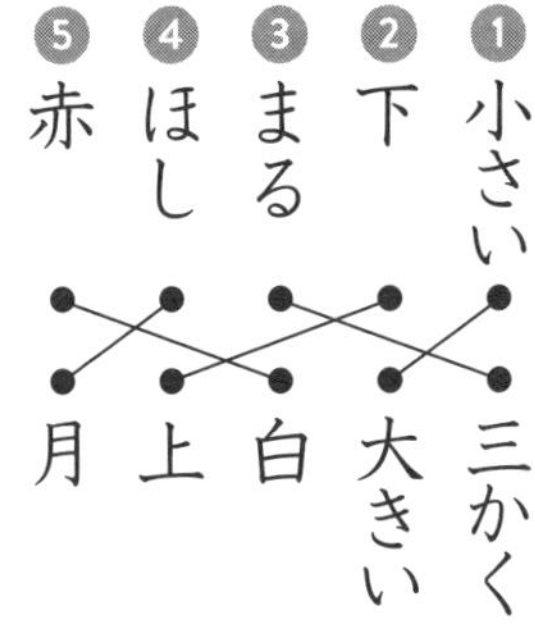

三かく
大きい
白
上
月

2

1 百・金
2 木・中
3 音

3

1 5
2 4
3 4
4 7

4

1 左
2 右・花
3 土・九

れんしゅうもんだい

3週目（しゅうめ）

13日目

p.39

1

1 あか・はな
2 き・そら
3 やま・ちい
4 きん・おお
5 ろく・あ

2

1 三・火
2 雨・山
3 空気・白

れんしゅうもんだい

14日目

p.41

1

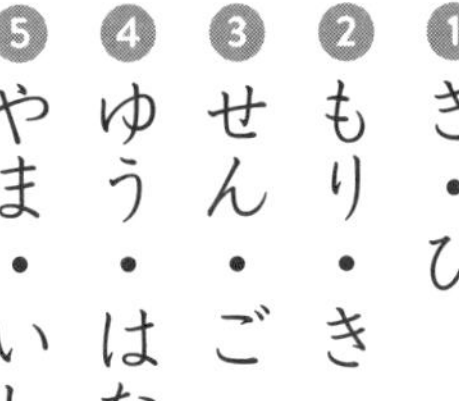

1 き・ひ
2 もり・き
3 せん・ご
4 ゆう・はなび
5 やま・いし

2

1 夕
2 水
3 石
4 青
5 空

れんしゅうもんだい

15日目

p.43

1

① そう・たけ

② おお・き

③ あお・ひ

④ くさ・みず

⑤ かわ・みぎ

2

竹・気・年

※漢字（かんじ）は、この順番（じゅんばん）の通（とお）りでなくても正解（せいかい）。

れんしゅうもんだい

16日目

p.45

1

① はやし・なか

② きん・ちから

③ あめ・そう

④ くさ・き

⑤ てん・たけ

2

① 石・花

② 森林・気

③ 夕・天気

れんしゅうもんだい

17日目

p.47

1

① むし・ちゅう

② くさ・たけ

③ かい・いぬ

④ あか・ゆう

⑤ しろ・ちから

2

① 犬

② 林

③ 貝

④ 山

⑤ 石

ふくしゅうもんだい

18日目

p.48
p.49

1

① 1さ・2う

② 3お

③ 4や

④ 5し

⑤ 6つ

2

① 上・力

② 青・竹

③ 虫・草

3

①3
②5
③2
④6

4

①天気・夕
②林・音
③森・川

れんしゅうもんだい

4週目（しゅうめ）

19日目 p.53

1

①むし・みみ
②てんき・ゆうひ
③き・した
④しろ・て
⑤くち・いぬ

2

①耳・貝
②犬・下
③手・土

れんしゅうもんだい

20日目 p.55

1

①め・くち
②あし・ひと
③て・だい
④ちから・あ
⑤そく・め

2

① ㋐にそく ㋑あし
② ㋐ちゅう ㋑むし

れんしゅうもんだい

21日目 p.57

1
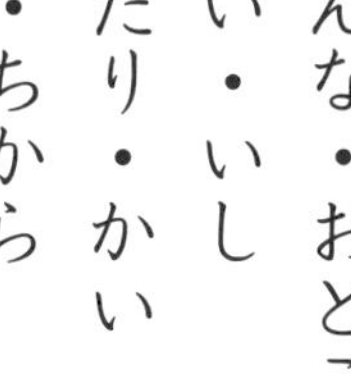

①おう・おん
②おんな・おとこ
③ちい・いし
④ひだり・かい
⑤こ・ちから

2

①2
②1
③2
④1

れんしゅうもんだい

p.59

1
1 まる・ろく
2 つき・め
3 きん・み
4 やす・おん
5 おんな・あし

2
1 竹・円
2 王・上
3 石・足

れんしゅうもんだい

p.61

1
1 しょうがつ・て
2 め・だ
3 ろくねんせい・で
4 い・ただ
5 やま・やす

2
1 出
2 男
3 子
4 川
5 耳

ふくしゅうもんだい

p.62
p.63

1
1 4
2 12
3 7
4 4

2
1 口・赤
2 目・耳
3 女・人

3
1 ㋐けん ㋑いぬ
2 ㋐しゅ ㋑て
3 ㋐おうじ ㋑こ

4
1 正月・出
2 休・生
3 男・力

れんしゅうもんだい

5週目（しゅうめ）

25日目

p.67

1
① て・い
② にゅう・た
③ はや・で
④ ただ・み
⑤ おう・はい

2
① 5
② 3
③ 7
④ 5

れんしゅうもんだい

26日目

p.69

1
① やす・がっこう
② やす・じ
③ こう・まな
④ た・あし
⑤ なま・だ

2
① 校・入
② 目・年
③ 入学・立

れんしゅうもんだい

27日目

p.71

1
① こ・な
② せんせい・めいじん
③ せん・やす
④ じ・ぶん
⑤ ご・はや

2
① 文
② 立
③ 入
④ 見
⑤ 下

れんしゅうもんだい

28日目

p.73

1
① むら・う
② た・み
③ じ・まな
④ まち・はい
⑤ むら・ぶん

2
① 名・文
② 先生・夕
③ 町・休

れんしゅうもんだい

29日目 p.75

1
①だま・いと
②しゃ・はや
③むら・ほん
④くるま・た
⑤まち・にほん

2
①㋐せん ㋑さき
②㋐しょう ㋑ただ
③㋐しゃ ㋑くるま

ふくしゅうもんだい

30日目 p.76 p.77

1
①1
②2
③2
④1

2
①村・川
②年玉・車
③文・字

3
①5
②4
③5
④3

4
①小・耳
②早・田
③学校・糸

漢字(かんじ)であそぼう! わくわくひろば 1

p.8
p.9

漢字であそぼう! わくわくひろば 2

p.22
p.23

漢字(かんじ)であそぼう! わくわくひろば 3

p.36
p.37

漢字(かんじ)であそぼう! わくわくひろば 4

p.50
p.51

＊こたえは「早、貝、本、田、文、音、車」です。

漢字であそぼう！　わくわくひろば 5

p.64
p.65

テストにチャレンジ!

1

p.80
p.81

1
- 1 た
- 2 くさ
- 3 いし
- 4 み

2
- 5 な
- 6 じ
- 7 ただ

3
- 8 はや
- 9 で

4
- 10 め
- 11 とし
- 12 たけ
- 13 だま

5
- 14 あお
- 15 いと
- 16 て

6
- 17 おとこ
- 18 くち
- 19 おお
- 20 いぬ

2

p.81

- 1 5
- 2 6
- 3 4
- 4 8
- 5 3
- 6 6
- 7 8
- 8 4
- 9 7
- 10 8
- 11 4
- 12 5

3

p.82
p.83

- 1 おん
- 2 おと
- 3 そく
- 4 あし
- 5 しゃ
- 6 くるま
- 7 か
- 8 はな

4

1 2
2 1
3 2
4 2
5 1

p.82

5

1 が
2 だ
3 か
4 う
5 し
6 が

p.83

6

1 山
2 右
3 赤
4 耳
5 村
6 十
7 空
8 入
9 三
10 小

p.84

7

p.84
p.85

1
1 女
2 水
3 上

2
4 七
5 立
6 火

3
7 休
8 校
9 先
10 生

4
11 天
12 気
13 夕
14 雨

5
15 森
16 土
17 下
18 虫

6
19 千
20 貝